LA MORALE
DE CETTE HISTOIRE

Du même auteur

Le Crépuscule des Lumières, Cerf, 1995

Le Développement durable de la personne. Pour une nouvelle politique des âges de la vie (avec Éric Deschavanne), La Documentation française, 2006

Philosophie des âges de la vie. Pourquoi grandir ? Pourquoi vieillir ? (avec Éric Deschavanne), Grasset, 2007, rééd. Hachette Pluriel, 2008 (Prix François Furet)

Qui doit gouverner ? Une brève histoire de l'autorité, Grasset, 2011

Les femmes sont des adultes comme les autres, Éditions de l'Aube, 2011

Tous paranos ? Pourquoi nous aimons tant les complots… (avec Laurent Bazin), Éditions de l'Aube, 2012

Petit Almanach du sens de la vie, Livre de poche, 2013

Faire ou ne pas faire son âge, Éditions de l'Aube, 2015

L'Abeille (et le) Philosophe. Étonnant voyage dans la ruche des sages (avec François Tavoillot), Odile Jacob, 2015

La guerre des générations aura-t-elle lieu ? (avec Serge Guérin), Calmann-Lévy, 2017

De mieux en mieux ET de pire en pire. Chroniques hypermodernes, Odile Jacob, 2017

Comment gouverner un peuple-roi ? Traité nouveau d'art politique, Odile Jacob, 2019 (Prix du Livre politique des Députés)

Pierre-Henri Tavoillot

LA MORALE DE CETTE HISTOIRE

Guide éthique pour temps incertains

Michel LAFON

Ce livre est imprimé en France,
par un imprimeur soucieux de préserver
l'environnement à travers des actions
d'économies d'énergie, de valorisation des
déchets, d'utilisation de produits moins nocifs
pour la santé des travailleurs.

118, avenue Achille-Peretti – CS 70024
92521 Neuilly-sur-Seine Cedex
www.michel-lafon.com

On n'a pas le droit d'emmerder un lecteur
qui ne nous a rien fait.

Lucien JERPHAGNON

INTRODUCTION

La morale : pénurie ou excès ?

L'âge de la confusion

C'est notre passe-temps préféré : déplorer le déclin des valeurs, la perte des repères, la confusion morale ; puis entonner l'air du « c'était mieux avant » ; fredonner la mélodie du « tout fout le camp » ; enfin, affirmer d'un air désolé qu'« on va dans le mur ». Voilà qui, non seulement, nous offre d'inépuisables sujets de conversation, mais nous confirme dans notre estime de soi. Car, convenons-en, dénoncer les dérives de la finance, la corruption des élus, l'oppression patriarcale, les ravages du productivisme, bref, la saloperie du monde et le mal en général : qu'est-ce que ça fait du bien ! Voilà qui nous conforte dans l'idée que nous sommes à la fois lucides et vertueux, nous qui traquons le vice derrière les apparences. Et cela nous procure, en outre, un programme clair d'action : il faut au plus vite moraliser ce monde infâme, soit, dans le désordre, le capitalisme, la vie politique, les relations hommes/femmes, notre rapport à la planète, notre consommation, notre mémoire, la science et toute la culture… Programme d'autant plus satisfaisant pour notre confort personnel qu'il est irréalisable ! Car le « tout-changisme » est l'autre nom du « rien-fairisme », sauf quand il réussit : il s'appelle alors totalitarisme. Sinon, ce sont des échanges sans fin où l'on refait le monde aussi vainement qu'un match…

Il y a tout de même une limite à cette attitude. Si tout le monde veut plus d'éthique, personne – hormis quelques fondamentalistes plus ou moins barbus – n'aspire au retour de *la* morale, celle d'autrefois, qui imposait son ordre unique, dogmatique et conformiste. Celle qui formatait tous les pans de notre existence, collective et individuelle, du berceau à la tombe et du matin au soir, tous les jours de l'année. Qui d'entre nous accepterait désormais qu'on lui dicte, à tout moment, ce qu'il doit faire dans sa vie intime, affective, professionnelle, sociale, civique, spirituelle ? Si nous regrettons les jalons éthiques de jadis, nous n'éprouvons aucune nostalgie pour l'ordre moral d'antan.

Je suis comme toi, cher lecteur, pris dans ce paradoxe qui révèle l'ambivalence de notre temps.

Car, comme toi, j'ai deux visages : d'un côté, celui d'un ado libertaire, toujours prêt à tout contester ; de l'autre, celui du vieux con, toujours prêt à tout regretter ! Ultraprogessiste à ma gauche ; hyperconservateur à ma droite ; jamais capable d'aimer cette époque, qui nous permet pourtant d'être les deux à la fois sans trop de dommages collatéraux, hormis pour la cohérence. Comme toi, je déteste aussi l'hyperrelativisme éthique, qui fait dire au naïf comme au salaud : « à chacun sa morale ». Jusqu'à ce que le naïf subisse les sales coups du salaud et prenne soudain conscience que si le Bien est « subjectif », le Mal, lui, surgit toujours dans son atroce objectivité. Quand il est là, les doutes s'effacent et, avec eux, les postures et impostures sceptiques.

Pourtant, comme toi, cher lecteur, je m'inquiète aussi quand l'empire du Bien contre-attaque. Car si la religion nous a quittés, le moralisme nous envahit. C'est une éthique floue, sans repères ni boussole, qui déferle, s'étend et submerge tous les domaines de l'existence. Plus rien n'est épargné. En 1968, on disait « tout est politique » ; aujourd'hui ce serait « tout est moral » ! J'en ai pris soudain conscience lorsque, dans un parc, au détour d'un chemin, j'ai découvert une poubelle parée du titre d'« éthique et citoyenne ». La morale est tombée bien bas.

Comme toi, je vois qu'il y a aujourd'hui des choses qu'il n'est plus permis de dire ni même de penser. Quelques exemples ? Tu les connais. Mets en cause la compétence d'une femme incompétente, tu seras un suppôt rance du patriarcat. Doute de l'effondrement prochain de la planète, tu seras un collabo de l'infâme productivisme. Exige un peu d'esprit critique sur le changement climatique, le glyphosate, le nucléaire, le bio, les circuits courts, les voitures électriques, les éoliennes… tu seras un larbin à la solde d'infâmes lobbies. Interroge la cohérence d'une politique migratoire, tu seras un abject raciste. Ose dire que l'esclavage ne fut pas le fait des seuls Européens, tu seras un vilain néocolonialiste. Critique l'islamisme, tu seras islamophobe. Oppose-toi aux grévistes qui défendent leurs privilèges ou aux étudiants qui bloquent des examens, tu seras un sale réactionnaire. Mange une entrecôte, tu seras pire qu'un nazi, insensible à la souffrance animale, etc.

Ce sont là des mauvaises pensées ! Pour les éradiquer à la source, on exigera de l'école qu'elle « change les mentalités », c'est-à-dire formate les cerveaux, pour ne plus avoir à les laver ensuite. Dès son plus jeune âge, le futur citoyen devra apprendre à « penser bien » plutôt qu'à « penser par lui-même », sans s'apercevoir qu'une telle exigence reproduit les pires dérives totalitaires… mais, comme c'est pour le BIEN, on ne s'en formalisera pas trop !

Détestable triomphe du « moralement » correct.

Mais que lui opposer ? Le relativisme éthique ? Mais il est tout aussi délétère. C'est l'infernale spirale qui nous piège aujourd'hui : qui prêche le dogme produit du doute, et qui sème le doute récolte du dogme.

Il y a pourtant une méthode pour sortir de ce cercle de confusions : c'est celle de la « critique ». Elle n'est pas une technique négative de destruction comme on le croit, mais l'art subtil de la distinction. Soyons donc distingués, cher lecteur, et évitons de tout mélanger afin de remettre l'éthique à sa place.

L'art de la distinction

D'abord la morale n'est ni la science ni la religion. La première cherche du savoir objectif, la deuxième offre des croyances subjectives. L'une porte sur la nature des choses et ce qui est ; l'autre sur le salut et le sens de la vie. Kant, le fondateur de la philosophie *critique*, définissait la réflexion sur leurs champs respectifs par ces deux questions : « Que puis-je savoir ? » et « Que m'est-il permis d'espérer ? ». Entre ces deux domaines, théorique et religieux, il y a le domaine pratique de l'éthique ou de la morale.

Faut-il d'ailleurs choisir entre ces deux termes ?

Éthique paraît plus « sympa », mais sonne plus « intello ». Morale, est plus proche du bon sens, mais au prix d'une certaine rigidité. En vérité, rien n'oblige à les distinguer : éthique vient du grec, morale, du latin, et toutes deux répondent à une même question : « que dois-je faire ? ». Entendons-nous bien : quand je me demande ce que je dois faire de ma journée, ce n'est pas une question éthique, mais d'agenda. Et quand je m'interroge devant mon robinet qui fuit : c'est une affaire de bricolage, pas de morale. Mais dès qu'autrui entre en jeu, alors la morale se rapproche. Que dois-je faire avec les autres, pour les autres, par les autres, voire – ça peut arriver aussi – contre les autres ?

C'est là tout le problème de la condition humaine. L'homme est en effet cet animal étrange qui, incapable de vivre sans ses semblables, ne peut jamais facilement coexister avec eux. Seul, il meurt ; en société, il tue. D'où la politique, le droit, la morale qui tentent de lui apporter quelques bonnes raisons de ne pas le faire. La première par la gestion des conflits et des rapports de force (plus ou moins légitimes), le deuxième par la loi (plus ou moins juste), la troisième par des principes ou des valeurs (plus ou moins clairs).

Politique, droit, morale. Chacun de ces ordres possède sa fonction propre qu'il faut distinguer avec soin, sans pour autant les séparer tout à fait. Faute d'y parvenir, comme c'est très souvent le cas de nos jours, on accroît le sentiment de chaos éthique.

Si tout le monde était moral, il n'y aurait besoin ni de politique ni de droit : chacun serait respectueux des autres, et nous vivrions en parfaite harmonie. Ajoutons que si l'amour régnait parmi les hommes, ainsi que nous y invitent les Évangiles, il n'y aurait même pas besoin de morale. Mais voilà : pas plus qu'il n'est comblé d'amour, notre univers n'est parfaitement moral. Ce pourquoi, en plus de la morale, il faut du droit, qui édicte les règles du « vivre-ensemble ». Et, pour faire les lois et en assurer le respect, il faut de la politique. C'est ainsi qu'on vit non seulement *ensemble* (côte à côte ou face à face), mais aussi *en commun* (avec une histoire partagée et un projet collectif). Sans volonté de vie commune, la loi ne sert à rien et la moralité marche à vide.

Remettons donc bien les choses à leur place. Le ***droit*** vise la légalité, c'est-à-dire la conformité de nos actes à des règles écrites et publiques. La ***morale*** concerne les motivations, ou intentions, qui comptent certes, mais sont difficilement décryptables et toujours sujettes à interprétation. La ***politique***, elle, cherche le succès des actions. C'est, disait Machiavel, « la conquête et la conservation du pouvoir » ; à quoi l'on peut ajouter, si l'on est démocrate, en vue du salut public ou d'une amélioration de la vie commune.

Le droit se juge sur actes et sur pièces ; la morale par l'examen de la volonté ; la politique par la qualité des résultats.

Comme il est difficile de tenir bon sur ces distinctions ! Comme il est facile de tout mélanger !

Des principes simples, clairs et nets

Mais voici la vraie surprise : dans un contexte où tout le monde clame le déclin de l'éthique, les principes moraux apparaissent, quand on prend le temps d'y réfléchir, d'une stabilité, d'une clarté et d'une solidité remarquables. Car qu'a-t-on inventé de vraiment révolutionnaire en matière d'éthique depuis que le terme existe ? En réalité, pas grand-chose.

1) Le principe de base, la fameuse règle d'or, **« Ne fais pas à autrui ce que tu ne voudrais pas qu'il te fît »**, existe depuis au moins trois mille ans puisqu'on le trouve déjà dans le zoroastrisme, dans le confucianisme, dans le bouddhisme, dans la Bible et dans la philosophie des Anciens comme des

Modernes. Il est aussi dans le serment d'Hippocrate (*primum non nocere :* d'abord ne pas nuire) et beaucoup y voient le résumé de toutes les lois[1].

2) À ce premier principe, on peut en ajouter un deuxième, plus exigeant moralement, qui définit en sus du non-préjudice, la non-indifférence morale. Sa formule serait « **Ne laisse pas faire à autrui ce que tu ne voudrais pas qu'il te fît, à toi ou à tes proches** » ; ou, plus simplement : « **Touche pas à mon pote !** » Là encore, force est de constater que les morales antiques sont remplies de propositions de ce type qui invitent à sortir de l'égoïsme naturel.

3) Un troisième principe, désignant l'exigence morale ultime, est celui de la *bonne volonté* ou bienveillance ou, encore mieux, bienfaisance. Car vouloir le bien est une chose, le faire en est une autre. Il pourrait être formulé ainsi : « **Fais à autrui ce que tu voudrais qu'il fît pour toi ou tes proches.** » C'est un principe biblique (Lv, 19-18) et évangélique (Mt, 7, 12 ; Lc, 6, 31), qui plonge ses racines dans les profondeurs de l'histoire humaine. Il est plus exigeant, car il prend le risque de n'être pas seulement négatif.

Si, pourtant, les deux derniers principes sont moins « en or » que le premier, c'est non seulement parce qu'ils sont plus difficiles à réaliser, mais aussi

1. Hobbes, *Léviathan* XV ; Spinoza, Éthi*que*. III, 29 et scolie.

parce qu'ils sont moins clairs. « Ne faites pas aux autres ce que vous voudriez qu'ils vous fissent, Il se peut que leurs goûts ne soient pas les mêmes. » Cette objection du critique irlandais George Bernard Shaw (1856-1950) nous alerte sur les méfaits possibles de notre bienveillance.[2] Autrement dit, méfie de toi de ne pas plaquer sur les autres les objets de ta seule volonté, car cela serait pour eux un préjudice ; ce qui nous renvoie au principe 1 et nous montre, par là même, que les trois principes sont liés et doivent marcher ensemble.

Résumons. Non-préjudice (ou respect), non-indifférence (ou attention), bonne volonté (ou bienveillance) : franchement ! Que peut-on vouloir de mieux en matière d'éthique ? Et connaît-on une seule morale, digne de ce nom, qui ferait l'éloge de l'irrespect, de l'indifférence et de la malveillance ?[3] Non, bien sûr : ce serait même une contradiction dans les termes.

Ce qui marche pour le Bien, fonctionne aussi clairement pour le Mal.

Tout en bas, il y a le simple salaud qui fait subir aux autres ce qu'il ne voudrait pas qu'on lui fasse.

---

2. *Maximes pour révolutionnaires*, Édition des Cahiers libres, 1927.

3. Voir (tout de même) un éloge possible de l'égoïsme : Excursus 1, p. 209.

Très heureux qu'on soit toujours moral avec lui, il considère qu'il peut y avoir des exceptions de temps en temps ! Et, comme par hasard, elles le concernent ! C'est le menteur qui jure ses grands dieux (s'asseyant sur la véracité qu'il exige des autres) ; c'est le voleur, choqué qu'on lui dérobe le fruit de son larcin ; c'est cette vieille dame qui, l'air de rien, nous dépasse dans la file d'attente, juste parce qu'elle le vaut bien, alors qu'on lui aurait volontiers cédé la place !

En deuxième position arrive le médiocre : lui fait le choix de l'indifférence. Il détourne le regard et consulte son portable au moment où le miséreux lui tend la main. Quand je dis miséreux, je ne parle pas du professionnel de la compassion, qui exhibe son malheur avec un talent marketing certain. Je ne pense pas à celui qui sait *donner* mauvaise conscience et, en échange, *prendre* un max ! Non, je parle de la souffrance de celui qui ne songe ni à se vendre ni à s'exposer, mais qui, juste, appelle à l'aide. Et cette aide, nous la lui refusons, parce que nous avons mieux à faire, peur de nous faire avoir, des doutes sur l'usage qui en sera fait… ou pour toute autre excellente mauvaise raison. Ce sont les labyrinthes de l'indifférence et ils sont inextricables. « Le pire péché envers nos semblables, disait notre acerbe George Bernard Shaw (qui fut tout de même prix Nobel de littérature en 1925), ce n'est pas de les haïr, mais de les traiter avec indifférence : c'est là l'essence de l'inhumanité. »

La *pole position* revient au vrai méchant : lui c'est un cas ! Il ne se voit pas comme exception à la règle ; il n'est pas celui qui ferme les yeux. Non ! Le méchant, c'est celui qui prend le mal pour projet, qui est animé par une volonté mauvaise (l'exact contraire, donc, de la bienveillance). Lorsqu'Augustin n'était pas encore un grand saint, mais juste un petit con, il lui est arrivé une aventure qu'il rapporte dans ses *Confessions*. Elle illustre bien cet esprit malveillant et malfaisant. Avec sa bande de copains, il décide d'aller piquer des poires dans le jardin du voisin. Pas bien grave, dira-t-on ! Eh bien, pas aux yeux de notre saint pour qui ce péché de la poire, si je puis dire, est l'exemple type de la méchanceté. Pourquoi ? Parce que des poires, dans le jardin de son père, il y en avait beaucoup et de bien meilleures, toutes prêtes à être cueillies. C'est donc bien par pure méchanceté que ces petits morveux sont allés faire leur virée : juste pour le plaisir de faire ch… le voisin. Voilà la volonté mauvaise.

Le salaud ne veut pas le mal, mais le fait ; le médiocre veut le bien, mais ne le fait pas ; le méchant veut le mal et le fait bien.

Puisque l'heure est aux confessions, je te l'avoue, cher lecteur, il m'est arrivé – et pas qu'une fois – d'être salaud, médiocre ou méchant.

Tout comme toi, cela dit…

Mais nous pouvons l'être plus ou moins ; et plus ou moins souvent, c'est-à-dire dans des situations plus ou moins graves.

Nous voyons donc clairement où est le bien et, encore plus clairement, où est le mal : mais qu'il est difficile de faire le premier et de s'abstenir du second ! *Video melior deteriora sequor*… disent les chrétiens : je vois le meilleur, mais je fais le pire ; et même : voyant toujours le meilleur, je fais néanmoins souvent le pire (Paul, *Lettre aux Romains*, 7, 18-19).

Rien de plus clair, donc, que le Bien et le Mal.

Trois bouleversements

D'où vient alors le sentiment de crise morale ? En fait, elle ne vient pas tant du « contenu » des principes moraux que du « contexte » de leur expression. Qu'est-ce à dire ? Eh bien que, sur la base de ce consensus éthique universel, l'histoire récente a été marquée par **trois transformations majeures** qui ont tout chamboulé.

• La première concerne les **fondements** de ces principes : sur quoi reposent-ils ? Qu'est-ce qui fait leur valeur ? Faut-il y voir la voix immémoriale de la tradition, la conformité à l'ordre immuable de la nature ou l'expression d'un commandement divin ? Ce qui caractérise la crise moderne est qu'aucune de ces trois réponses ne fonctionne plus de manière évidente et que, face au silence des sources antérieures, extérieures ou supérieures à l'humanité, le fondement ultime des exigences éthiques ne peut être recherché que dans l'humanité elle-même et dans ce qui rend possible sa vie commune. C'est l'âge de l'autonomie ou du « comment obéir à des commandements qui ne viennent que des hommes ? » – immense et redoutable question.

- La deuxième transformation concerne les domaines d'application. À mesure qu'augmente la maîtrise par les hommes de leur existence dans le monde, le champ des interrogations éthiques s'étend. Ainsi, aucune tradition passée ne peut nous éclairer de manière décisive sur ce qu'il convient de faire en matière de clonage, de procréation médicalement assistée, de thérapie génique ou d'intelligence artificielle, même si, bien sûr, on peut toujours s'en inspirer. Pourquoi naître ? Pourquoi souffrir ? Pourquoi mourir ? Peut-on choisir la couleur des yeux de ses enfants ? Quels risques y a-t-il à augmenter les performances humaines ? Quelle est la responsabilité humaine dans le maintien de la biodiversité, dans la sauvegarde de la planète ? Quels pouvoirs peuvent être accordés aux machines ? Autant de champs nouveaux sur lesquels les sagesses d'antan n'avaient pas eu l'occasion d'exercer leur morale.

• La troisième transformation est peut-être la plus vertigineuse. Elle ne concerne pas les fondements, ni les champs d'application, mais ouvre cette question simple, qui semblait jadis réglée de toute évidence : **qui est autrui** ? Qui doit être l'objet de mon respect, de mon attention ou de ma bienveillance ? Est-il seulement le membre de mon clan, de mon village, de ma caste, de mon sexe, de ma race, de ma nation ? Est-il seulement humain ou peut-il être aussi animal, voire végétal, minéral ou même machine ? Est-il déjà l'embryon ? Est-il encore le patient en état de coma profond ou de sénilité avancée ? Est-il mon contemporain ou celui de la génération future ? Les morts cessent-ils d'être des entités morales dignes de respect sous prétextes qu'ils ne *sont plus* ? Y a-t-il des « plus autrui que d'autres » au sein des humains, des vivants ? Bref, où passent les frontières de l'éthique ? Gigantesque problème.

Je te propose, cher lecteur, un bref voyage dans chacune de ces trois questions : Comment fonder la morale ? Comment l'appliquer ? Et à qui ?

Elles sont immenses et complexes, ce qui invite à l'extrême humilité.

On ne peut pourtant pas en faire l'économie et on gagne à en proposer un tableau d'ensemble, car, en matière d'éthique aujourd'hui, c'est l'exigence de cohérence qui est notre seule planche de salut. Cette cohérence que la fragmentation des domaines, la spécialisation des savoirs, l'urgence des problèmes et la complexité des données met de plus en plus en péril...

C'est à cela que sert la philosophie morale. Alors que le moralisateur fait des leçons de morale aux autres (souvent sans les suivre lui-même), tandis que le moraliste décrit comment nous tentons le plus souvent de nous y dérober, le philosophe moral est celui qui s'efforce juste de les clarifier. Le premier s'appelle Tartuffe ; le deuxième La Rochefoucault ou La Bruyère : il doit avoir du style, sinon c'est un (mauvais) sociologue ; le troisième se nomme Aristote, Montaigne, Pascal, Spinoza, Hume, Kant ou Wittgenstein.

Avec et grâce à eux, nous pouvons enquêter sur ce que ces règles éthiques sont aujourd'hui devenues. Sur ce que nous possédons de solide et ce qui nous fait défaut.

Tu m'accompagnes ? *Vade mecum ?*

I- DU SOLIDE AU MOUVANT...
La crise des fondements

Pour construire quoi que ce soit, il faut des bases solides. C'est ce que disait jadis Archimède : donnez-moi un point fixe et je ferai bouger la Terre. Le problème est qu'on sait aujourd'hui que la Terre bouge toute seule ou plus exactement qu'elle est mue par la force gravitationnelle. Et ce savoir n'est pas du tout rassurant, car cela revient à dire qu'elle n'en finit pas de chuter ! Autrement dit, il n'y a physiquement pas grand-chose de solide ni de stable dans l'univers. Comme dans le pire des cauchemars, on tombe sans fin et sans pouvoir s'accrocher à quoi que ce soit de tangible. Eh bien, il en va de la morale aujourd'hui comme de la physique : plus aucun point fixe, nul ancrage stable, la morale flotte et nous croyons couler... Mais comment donc faisaient les Anciens qui étaient, eux, persuadés que leurs principes moraux étaient aussi solidement établis la Terre ?

Sous réserve d'inventaire, l'humanité d'avant a conçu trois manières de fonder ses principes moraux parce qu'il lui était insupportable et, peut-être, trop risqué de penser qu'ils étaient pure invention de sa part.

Elle s'est d'abord convaincue que ces principes avaient été forgés par de grands ancêtres, sorte de surhommes des origines, à la fois sages et puissants, dont il fallait suivre sans faillir les messages et les recommandations : c'est la *fondation traditionnelle*. Être moral, c'est se soumettre sans réfléchir aux us et coutumes d'autrefois.

On peut pourtant trouver plus fondamental que les leçons des Anciens, et penser que ces principes moraux ne nous viennent pas seulement du passé, mais qu'ils sont inscrits dans l'ordre des choses – dans un monde considéré comme parfaitement harmonieux : c'est la *fondation cosmologique* des premiers sages et philosophes. Être moral, c'est vivre selon la nature.

Enfin, on peut penser qu'il y a plus primordial encore que le passé et plus immuable que la nature en posant un Créateur suprême à l'origine de tout. C'est de Lui et de Lui seul qu'il faut attendre les justes commandements : c'est la *fondation théologique*. Pour elle, la morale est à la fois ce qui nous vient de Dieu (commandement) et ce qui nous y conduit (salut).

Leçons du passé, lois de la nature ou commandements de Dieu : voilà les trois fondations de l'éthique qui semblaient très solides à nos ancêtres... mais semblaient seulement, car cette course aux fondements a finalement fragilisé la fondation. Voyons ensemble, cher lecteur, leurs forces et leurs faiblesses.

Distinguer fondement, principe, maxime

• La maxime est une règle générale de conduite que l'on se donne à soi-même. Par exemple : « Jamais le premier soir ! »

• Le principe est un point de départ qui oblige, un commencement qui commande. C'est avec lui que débute un raisonnement qu'il soit théorique, juridique, éthique, etc. Par exemple, dans la géométrie d'Euclide : la somme des angles d'un triangle égale 180° ; dans le système du droit démocratique : l'égalité devant la loi ; en logique, le principe de non-contradiction, etc. Les principes, nécessaires à toute démonstration, ne sont jamais eux-mêmes démontrés.

• Le fondement est ce qui garantit la valeur d'un principe. La plupart du temps, le seul fondement qu'on peut donner à nos principes est le constat qu'on ne peut pas s'en passer sans contradictions insurmontables (c'est ce qu'en logique on appelle un axiome)... Mais, comme le principe de non-contradiction n'est lui-même qu'un principe et non un fondement, il faut bien admettre que la quête d'une fondation ultime est vouée à l'échec !

Est-ce une si mauvaise nouvelle ?

1) Tradition – Être fidèle au passé

Des trois fondements de la morale, le socle traditionnel est sans doute le plus robuste, car, avec lui, *on ne se pose pas de questions* ! Tout est simple : il faut faire comme on a *toujours* fait ! Obéir aux us et coutumes et accepter les choses telles qu'elles sont et ont toujours été. C'est ce que le petit Nelson Mandela perçoit très vite quand, après la mort de son père, il est contraint de quitter sa tribu et de rejoindre le monde des Blancs, c'est-à-dire celui de la modernité. Il raconte alors son étonnement :

« Comme tous les enfants xhosas [nom de sa tribu], j'ai acquis des connaissances surtout par l'observation. Nous étions censés apprendre par l'imitation et l'émulation, pas en posant des questions. Les premières fois où je suis allé chez les Blancs, j'ai été stupéfait par le nombre et la nature des questions que les enfants posaient à leurs parents – et par l'empressement des parents à leur répondre… Ma vie, comme celle de la plupart des Xhosas à cette époque, était façonnée par la coutume, le rituel et les tabous. C'était l'alpha et l'oméga de notre existence et cela allait de soi. Les hommes suivaient le chemin tracé pour eux par leur père ; les femmes menaient la même vie que leur mère avant elles[4]... » Et cela concerne tous les pans de l'existence : les relations homme/femme, le rapport aux ancêtres, la réparation des fautes grâce aux guérisseurs, les gestes les plus simples de la vie quotidienne. « Toutes ces croyances me semblaient parfaitement naturelles. » Mandela résume là ce qu'est le monde de la tradition qui a perduré jusqu'à peu, notamment dans la grande campagne qu'était la France d'hier. La moralité, c'était alors, comme dit Nietzsche, « l'obéissance aux mœurs[5] », c'est-à-dire aux us et coutumes, à ce qui « se fait » et ce qui « ne se fait pas », sans qu'il soit nécessaire de se demander ni comment ni pourquoi.

Faire comme on a toujours fait, comme nos parents nous l'ont appris, qui eux-mêmes le tenaient de leurs parents ; ne rien changer, hériter, imiter, répéter, sans réfléchir ni s'interroger : voilà ce qui constituait jadis la totalité de l'existence.

Soyons clair : nous autres, modernes, continuons d'agir ainsi pour une très grande part de notre vie. Et c'est heureux ! Car, s'il fallait questionner toutes

---

4. *Un long chemin vers la liberté*, Livre de poche, 1996, version num., [empl. 181].
5. *Aurore*, I, § 9 : « La tradition est une autorité à laquelle on obéit non parce qu'elle commande l'utile, mais parce qu'elle commande. »

nos actions, nous ne ferions pas grand-chose. L'habitude est là pour nous simplifier la vie ! Mais voilà : quand l'interrogation apparaît, il est ensuite difficile d'y renoncer. C'est l'étonnement ; et c'est ainsi que Socrate, Platon et Aristote définissaient la philosophie. La plupart du temps, les choses nous paraissent naturelles et familières ; et puis, soudain, des questions surgissent : pourquoi la nuit est noire ? Pourquoi la mer est salée ? Pourquoi dire merci ? Pourquoi ne pas voler ? En général, on voit ce questionnement comme un progrès, car, en sortant du règne de la tradition, l'humanité sort d'une forme d'abrutissement. Mais elle sort aussi de son innocence et entre dans l'ère du doute. On appelle cela l'esprit critique, vertu incontestable des temps modernes. L'esprit critique, qui peut être contre ? D'ailleurs celui qui est contre fait déjà jouer son esprit critique. Il est comme le sparadrap du capitaine Haddock, un fois collé, on ne peut plus s'en débarrasser. C'est lui qui est la cause de la crise de la morale. Méfions-nous donc d'une nostalgie excessive pour le passé. Si l'on veut revenir à une morale solide et indiscutable, il faudrait renoncer à cet esprit critique. Et si l'on ne veut pas y renoncer, il faut s'accommoder d'une éthique en état de crise… D'ailleurs *crise* et *critique* ont la même racine : *krinein*, en grec, qui signifie discerner, distinguer, trancher.

En fait, nous n'avons même plus le choix, car une fois que les questions surgissent, le mal est fait. C'est comme le dentifrice : il est aussi impossible de faire retourner la pâte dans le tube que de renoncer aux questions qui se sont posées, ne serait-ce qu'une fois. Bref, la crise est notre destin.

C'est là la principale faiblesse de la fondation traditionnelle. Elle est à la merci de la moindre interrogation. Et même celui qui, comme Confucius, en aurait la nostalgie et promouvrait son retour (avec le culte des ancêtres et l'éloge des rites), lui serait infidèle. Car il la défendrait en usant de son esprit critique : le traditionnaliste est traître à la tradition qu'il entend défendre, puisqu'il cherche de bonnes raisons de renoncer à la raison…

En dépit de cette faiblesse, ce mode traditionnel de vie a duré plus que tout autre dans l'histoire humaine. Les traditions peuvent changer, mais la Tradition demeure, c'est-à-dire le conformisme, le goût de l'habitude, le plaisir des rites qui rythment l'existence et lui donnent, sinon un sens, du moins une régularité rassurante. On n'est vraiment sorti de la Tradition qu'avec « la fin des paysans », c'est-à-dire avec le crépuscule d'un monde où la nature donnait le tempo à tous les moments de la vie. La vie urbaine, le travail salarié, l'univers de la consommation nous déconnectent de la répétition ; et l'humain petit à petit prend l'habitude... de ne plus en avoir de très durables. L'innovation devient sa « tradition » à lui, d'ailleurs aussi peu questionnée que ne l'était l'ancienne. Il faut changer tout et tout le temps : voilà qui ne souffre plus aucun doute... Quant à savoir pourquoi, c'est une tout autre affaire.

2) Cosmos – Suivre la nature

Les premières failles dans la morale traditionnelle sont apparues avec les grandes sagesses qui constituent toujours le patrimoine spirituel de l'humanité[6]. Pour elles, il faut chercher ailleurs la source de la morale. On va la trouver dans la nature conçue comme un ordre (ce qui, en grec, se dit *cosmos*) plutôt que dans la parole des ancêtres (ce qui, en grec, se dit *mythos*).

Pour les modernes, le mot *cosmos* est synonyme d'univers. Pour beaucoup des anciens Grecs, il signifie bien plus. Au départ, il désigne la mise en ordre : comment ranger les troupes avant la bataille du soir ? Comment remettre son visage en ordre le

6. Elles apparaissent entre 800 et 200 av. J.-C. dans ce que le philosophe Karl Jaspers nomme la « période axiale ». Période fascinante au cours de laquelle, de manière quasi simultanée, émergent en Chine, en Inde, en Mésopotamie, en Palestine, en Grèce, les figures des plus grands maîtres spirituels : Zoroâstre, Confucius, Lao Tseu, Bouddha, les prophètes, les philosophes...

matin (ce qui donne « cosmétique ») ? Platon dit que c'est Pythagore (VIe siècle av. J.-C.) qui, le premier, aurait appliqué ce terme à l'univers pour indiquer qu'il était parfaitement et justement « arrangé ». La légende raconte qu'il en eut l'intuition en passant près d'un atelier où un forgeron tapait avec différents marteaux sur une enclume. En l'écoutant, il reconnut alors les trois accords, de quarte, de quinte et d'octave. Surpris, il fit peser les marteaux utilisés et comprit non seulement que les sons variaient selon le poids, mais qu'ils étaient fonction d'un rapport mathématique. Celui qui était à l'octave pesait la moitié du plus lourd, celui à la quinte, les deux tiers, et celui à la quarte, les trois quart… Il reproduit l'expérience avec des nerfs d'animaux tendus sur un chevalet et obtint le même résultat suivant la taille des cordes. Il existe donc un lien secret entre les choses concrètes, les perceptions et les nombres abstraits. Entre eux, il y a une juste proportion que l'on peut retrouver partout : dans les mouvements des astres, la beauté d'un temple, la santé du corps, la puissance d'une cité. Partout, à tout moment, le cosmos tend à une harmonie qu'il faut s'efforcer de reproduire si l'on veut vivre bien. Cela vaut aussi pour la morale : la vertu est la façon de respecter cet ordre du monde, c'est-à-dire, d'abord, de le comprendre et, ensuite, de s'y conformer. On a conservé ce sens quand on parle, par exemple, de la « vertu d'une plante », ce qui signifie qu'elle est propice à la santé. L'homme doit s'efforcer d'être vertueux exactement de la même manière : il doit favoriser l'équilibre cosmique en occupant la place qui lui a été désignée.

Car le cosmos ne désigne pas seulement l'ordre, mais aussi et surtout le cercle *vertueux* de l'ordre : quand un ordre en entraîne un autre. Par exemple, l'abeille butine le nectar sur les fleurs et, ce faisant, transporte le pollen de ces mêmes fleurs en assurant leur reproduction. On a ainsi affaire à une récolte qui loin d'épuiser sa source contribue à la régénérer. Il s'agit, comme on dit aujourd'hui, d'une croissance durable. Pour autant, cette croissance n'est pas exponentielle, car elle trouve sa limite au sein du cosmos : un coup de gel ou une pénurie de pluie, et voilà l'expansionnisme de la flore qui se calme. L'abeille elle-même a ses prédateurs, et elle les avait bien avant le frelon asiatique.

Le contraire du cosmos, c'est le chaos (ce qui, en grec, se dit *chaos* – je dis cela juste pour faire érudit). C'est un désordre qui en entraîne un autre. Un élément quitte sa place, et entraîne des bouleversements sans fin – comme un jeu de domino – qu'il est très difficile d'arrêter : tout se dérègle. On a tous connu ces repas de familles où les choses se passent bien : la nourriture est bonne, le vin coule à flot, l'atmosphère est conviviale, tous sont heureux de partager un bon moment ; et puis arrive *la* parole malheureuse, *le* sujet de conversation fâcheux (en général politique) ; et, d'un seul coup, tout se déglingue, le ton monte, les noms d'oiseaux fusent, les haines cachées surgissent... le maître ou la maîtresse de maison tentent en vain de changer de sujet... trop tard, le mal est fait ; les portes claquent, les assiettes sont brisées, on se quitte violemment et fâchés jusqu'à... l'année prochaine, où la même scène se rejouera.

C'est aussi ce que racontent les tragédies qui commencent toutes par un excès (mais pas de boisson cette fois) ou une démesure (*hybris*), comme disent les Grecs. Pour expier une offense à la déesse Artémis, Agamemnon doit sacrifier sa fille Iphigénie, ce qui fait qu'à son retour de Troie, il est lui-même assassiné par Égisthe, l'amant de sa femme Clytemnestre qui, elle-même, sera tuée par son fils, Oreste, encouragé par sa fille, Électre. L'enchaînement de la vengeance semble infernal jusqu'au retour lent et laborieux de l'harmonie, après moult dégâts collatéraux. Cercle *vicieux* du désordre contre cercle *vertueux* de l'ordre : telles sont les deux catégories principales de la morale cosmologique. D'un côté le bien (mais aussi le juste, le sain, le vrai, le beau) de l'harmonisation ; de l'autre le mal (mais aussi l'injuste, le malsain, le faux, le laid) du trouble en chaîne.

Par où l'on voit que cette morale de la nature exige beaucoup de culture : élitiste, elle n'est pas à la portée du premier venu. En effet, pour la maîtriser, il faut un grand savoir sur le monde que seul le sage peut acquérir par un travail continu sur lui-même. La cosmo-éthique, c'est un temps complet ! Seul le sage parvient à être pleinement humain, c'est-à-dire à prendre conscience de sa juste place dans l'univers et à y demeurer *sagement*. Pour les autres – ceux qui doivent travailler pour se nourrir et subsister –, la morale traditionnelle ou l'habitude suffiront largement… sans se poser de question !

La perfection morale n'est donc pas à la portée de tous : il faut être excellent, souvent bien né. Un seul exemple : la vertu de générosité – elle n'est accessible, comme son nom l'indique, qu'à ceux qui ont de « bon gènes »… et accessoirement quelque richesse. Le sage est ici un aristocrate de la vertu.

3) Religion – Obéir à Dieu

On peut trouver encore plus primordial que l'ordre traditionnel ou naturel avec l'Idée d'un Grand Ordonnateur : un Dieu créateur de tout, du temps comme de l'espace. D'après ce que l'on sait, Moïse est un des tout premiers (avec l'Égyptien Akhenaton et le Perse Zoroastre) à avoir parlé d'un Dieu unique[7]. Si l'on est croyant, on dira qu'il L'a découvert ; si on ne l'est pas, on dira qu'il l'a inventé. Mais peu importe : c'est avec lui que, pour la première fois, apparaît l'idée d'un Dieu tellement grand qu'il ne peut être ni vu ni connu. Avant Moïse, les dieux ne différaient des humains que par l'immortalité. Pour le reste, ils étaient tout aussi vaniteux, hypocrites, menteurs, séducteurs, jaloux, mesquins, colériques, méchants... Ils ne cessaient d'ailleurs d'aller au contact des hommes pour exercer tous leurs vices avec un certain talent. Contre cela, aux environs du XIIIe siècle avant J.-C. (pour autant qu'on le sache[8]), Moïse jette les bases de ce qui sera le monothéisme, soit l'idée d'un Dieu *inconnu* (son nom est en soi une énigme – Yahvé : *celui qui est* en hébreu), *éloigné* (sa présence est une absence), *infigurable* (aucune image de Lui n'est permise ni possible) et surtout *maître* (il est Celui qui ordonne). Ce qu'il ordonne n'est guère original – ne pas tuer, ne pas voler, ne pas convoiter... –, mais ce qui est nouveau, c'est que l'essentiel du culte consiste désormais à *obéir* à Son commandement. Les rites, les sacrifices, les offrandes, les fastes qui faisaient

7. Voir Jean Bottéro, *Naissance de Dieu*, Folio, 1992 – qui distingue l'hénothéisme (un Dieu supérieur aux autres) et le monothéisme (un seul Dieu).
8. *Ibid.*

le principal des religions traditionnelles deviennent secondaires, voire impies : le fidèle doit juste obéir à Sa Loi. Elle se résume à deux injonctions : « Tu aimeras Jahvé, ton Dieu, de tout ton cœur, de toute ton âme et tout ton pouvoir » (Dt, 6,4) et « Tu aimeras ton prochain comme toi-même » (Lv, 19-18). Ce qui fait toute la valeur et la puissance de ces principes, c'est qu'ils sont édictés par Dieu. C'est d'ailleurs Lui qui, dans l'Exode (Ex. 20, 3-17), remet à Moïse, en guise d'Alliance avec son peuple, les dix Commandements qui précisent la Loi. La scène est fameuse, même si on a en tête plutôt le Charlton Heston de Hollywood que, par exemple, le beau tableau de Chagall. Ils sont suivis d'autres prescriptions, parfois très détaillées et d'interdits extrêmement stricts. Selon le décompte des rabbins, il y en aurait exactement six cent treize, dont deux cent quarante-huit commandements positifs et trois cent soixante-cinq interdictions. Par exemple, celui-ci (Ex, 22, 21-22) : « Vous ne maltraiterez ni veuve ni orphelin. Si tu le maltraites, dès qu'il criera vers moi, j'entendrai son cri et ma colère s'enflammera, je vous tuerai par l'épée. »

Le problème, avec ce type d'énoncé, c'est que l'expérience vient trop souvent le démentir. Tous les jours, on voit des méchants impunis et, à l'inverse, des justes frappés par le sort. Il faut convenir – et c'est bien dommage – que, contre les salauds, Dieu ne dégaine que rarement son épée. Comment dès lors ne pas douter de Sa justice et de Sa capacité à faire régner ce Bien qu'il ordonne ? Car si ce Dieu est à la fois bon et tout-puissant, pourquoi permet-il le mal ? Et puisque le mal est permis, ce Dieu, bon et tout-puissant, existe-t-il vraiment ?

C'est à ce redoutable dilemme que, dans la Bible, le Livre de Job – un des plus grandioses traités de morale – apporte une géniale réponse.

Job est un homme juste et droit qui suit scrupuleusement les prescriptions divines. Il vit heureux, entouré de ses nombreux enfants, et jouit d'une situation florissante. Un jour, Satan, défie Dieu : « Si Job t'est fidèle, c'est parce que tu l'as comblé de bienfaits. Accable-le de malheurs et je parie qu'il te maudira ! »

« Tenu ! » lui rétorque Dieu, qui, s'il ne joue pas aux dés, aime à parier de loin en loin, d'autant plus qu'il sait tout.

Le pauvre Job voit alors tous les malheurs possibles lui tomber sur la tête : des voleurs lui dérobent ses beaux troupeaux, ses enfants périssent dans l'effondrement de sa maison, son corps se couvre d'ulcères. Tout le monde se met à fuir celui qui continue pourtant d'être la piété et l'honnêteté incarnées. Sa femme (ah ! les femmes...) commence à médire contre le Créateur ; et devant trois de ses amis, lui-même se met à douter des desseins du Seigneur. C'est à ce moment-là que Dieu (trichant un peu – il faut le dire – dans son pari avec Satan) intervient dans la conversation. Il dit à Job : « Pourquoi m'accuses-tu injustement ? Moi qui ai fait ce monde si grand et si beau que tu admires et qui te dépasse, comment pourrais-je vouloir du mal à l'homme, mais surtout comment pourrais-tu, toi, comprendre cette harmonie sublime ? » Et Job de répondre humblement : « J'ai parlé sans savoir ni comprendre. » Autrement dit, les maux que je subis ne sont rien au regard de la justesse parfaite de la Création. Après cette épreuve, Dieu redonne santé et prospérité à son fidèle serviteur, lui accordant même le double de ce qu'il avait auparavant.

La morale de cette histoire, si j'ose dire, est double : d'abord, pas plus que les malheurs ne sont des punitions divines, les bonheurs ne sont des récompenses. Ensuite et surtout, le mal n'existe pas. La justice divine est parfaite – ce que l'humain, imparfait, ne saurait jamais tout à fait comprendre. Ce qu'il prend pour un mal est, du point de vue de Dieu, un bien. Ce pourquoi il doit obéir à la loi morale sans espoir de récompense ni crainte de peine. C'est cela la foi : agis moralement (selon les commandements de Dieu) *comme si* Dieu n'existait pas... Beaucoup de « croyants » ont du mal avec cette idée et craignent Dieu au lieu de l'aimer, tétanisés par le désir de Lui plaire et l'angoisse de le décevoir. Quant à nombre d'athées, ils reprochent simplement à Dieu de faire semblant d'exister (ce qui est d'ailleurs une autre manière de croire en Lui).

Par où l'on voit que cette morale-là peut être aisément laïcisée : il suffit de ne garder que le premier morceau de la phrase : *agis moralement*. On obtiendra alors l'impératif catégorique de Kant qui, bien que (ou parce que) très croyant, s'est efforcé de fonder la morale « ni sur la terre ni dans le ciel », c'est-à-dire ni sur la nature ni sur le divin, mais sur la seule liberté humaine. Sois moral, sans espoir de récompense, par ta seule bonne volonté et par la pureté désintéressée de tes intentions ! Il distinguait ainsi rigoureusement foi et raison en fondant philosophiquement la laïcité.

Par où l'on voit aussi l'écart entre les monothéismes et la religion des Grecs ou des Romains qui était, comme le disait le regretté Lucien Jerphagnon, une religion du « donnant-donnant » : j'offre un bon sacrifice à ce dieu, mais j'attends un retour sur investissement, sinon… eh bien, je change de dieu.

Cela devient chose impossible dès lors qu'il n'y a qu'un seul Dieu.

Par où l'on voit enfin qu'il y a quand même la promesse d'une récompense ultime qui miroite au bout du bout – le souverain bien, le salut suprême, la vie éternelle –, mais elle est très lointaine et les actes, aussi vertueux soient-ils, ne suffisent pas à la garantir. *Les voies du Seigneur sont impénétrables !*

La théologie morale porte ainsi en elle son propre dépassement. En effet, de deux choses l'une : soit l'on obéit à Dieu pour lui plaire, mais dans ce cas, on n'est guère vertueux (et l'on prend accessoirement Dieu pour un être manipulable, que l'on pourrait influencer grâce à nos vertus microscopiques…) ; soit on lui obéit *gratuitement*, mais dans ce cas, a-t-on encore besoin de Dieu pour fonder la moralité ?

Je résume, cher lecteur. Nous avions trois fondements très solides, mais aussi très fragiles : la tradition est à la merci de la moindre question ; la morale cosmique ne concerne qu'une élite de sages quasi surhumains ; la morale théologique invite à se passer d'un Dieu tellement grand tellement haut… tellement absent. D'où la crise.

4) La crise moderne et les fondements humains

Le passé s'efface, la nature se tait, le ciel se vide : telle est la crise moderne. Aucun des trois fondements anciens n'a plus pour nous l'évidence d'autrefois. Que l'on soit conservateur, écologiste ou croyant ne change rien à l'affaire : le doute désormais nous taraude.

Et même si du passé nous ne faisons pas table rase – loin de là –, nous ne cessons pourtant de peser la valeur de notre héritage, pour voir ce qui est à prendre ou à laisser : sortie de la tradition, entrée dans l'âge critique.

Et même si nous aimons beaucoup la nature – l'herbe verte, l'eau claire et l'air pur –, elle reste pour nous à la fois trop énigmatique et trop ambivalente pour nous soumettre sans réserve à son règne implacable ; car la nature, ce sont aussi les maladies, la violence, les cataclysmes, les gros qui mangent les petits : épuisement du cosmo-éthique, naissance de la morale moderne.

Et même si la quête de sens, voire de salut, n'a jamais été aussi avide qu'aujourd'hui (car on veut tout sauver : l'école, la retraite, la sécurité sociale et, bien sûr, la planète), la religion a cessé d'organiser la totalité de notre vie personnelle et collective de sorte qu'elle peine à *commander* : fin de la morale religieuse, début de l'éthique laïque.

Je t'accorde, cher lecteur, qu'aucun de ces fondements ne s'effondre tout à fait, mais aucun ne suffit désormais à étayer ce qui serait LA morale de notre temps.

En fait, l'histoire de l'éthique ne procède pas par élimination, mais par agglomération : aucune des visions morales ne disparaît ; elles se recyclent, mais d'autres viennent s'ajouter, ce qui rend la fondation exclusive, simple, évidente tout à fait improbable. Et plus il y a de piliers différents, plus la morale risque d'être boiteuse…

Serait-on dès lors voué au relativisme ? Écoutons le philosophe Marcel Conche qui résume bien la situation dans un livre qui s'intitule justement *Le Fondement de la morale*.

« Si je fonde ma morale sur ma religion, vous contesterez ma religion au nom d'une autre religion ou de l'irréligion (si vous êtes agnostique ou athée), et ma morale ne sera plus qu'une morale à côté d'une autre, une morale parmi d'autres, une morale particulière. Je ne pourrai que dire : voici ma morale, vous avez la vôtre, et moi la mienne. Si je fonde ma morale sur ma philosophie, vous contesterez ma philosophie au nom d'une autre philosophie ou de la non-philosophie, et ma morale ne sera plus qu'une morale entre autres, sans aucun droit de s'imposer. Si vous contestez que nous ayons à fonder la morale, car chacun, d'une morale, se trouve déjà pourvu, je croirai, certes, que ma morale est la meilleure, mais vous le croirez aussi de la vôtre. Toutes les morales auront un droit égal de juger de ce qui est bon et de ce qui ne l'est pas[9]. »

9. Marcel Conche, *Le Fondement de la morale*, PUF, 2003, p. 2.

5) Où chercher une base solide ?

En guise de réponse, voici une aventure du légendaire baron de Münchhausen, aussi nommé « baron de Crac », parce que ce vantard aimait beaucoup en raconter ! Cette aventure, donc, se passe dans une sombre forêt où le baron se promène à cheval : en son milieu, il se trouve face à un vaste et profond étang, qui l'empêche de poursuivre. Décidé à le franchir et ne doutant de rien, il fait prendre à sa monture un grand élan et saute. Mais le saut est trop court ; cheval et baron tombent dans l'eau. Ils s'enfoncent de manière inexorable, jusqu'à ce que vienne à notre héros cette idée de génie : il se sort de l'eau… en se tirant lui-même par les cheveux, qu'il avait longs.

Le baron de Münchhausen par Gustave Doré (1862)

Voilà l'allégorie de la solution moderne : la seule fondation de la morale est à rechercher en nous. Puisqu'aucune aide n'est à attendre ni de l'antérieur, ni de l'extérieur ni du supérieur – ni du passé, ni de la nature, ni du divin –, nous sommes voués à l'autonomie, c'est-à-dire à nous donner à nous-mêmes nos principes et à les considérer collectivement comme fiables. C'est une gestion « sur ressources propres », comme disent les comptables. Cela paraît inconcevable, et c'est pourtant ce que l'on fait tous les jours à partir d'un constat très simple. Nous avons *besoin* de ces principes pour vivre avec les autres. Sans ces principes communs et admis, notre existence personnelle serait invivable. En fait, tout se passe comme si nous étions placés devant cette alternative : *veux-tu vivre avec ou contre les autres ?*

Si, cher lecteur, tu préfères, comme moi, vivre avec les autres, malgré toute leur obtuse bêtise, alors il te faut adopter un certain nombre de principes moraux. Certes, tu es tout à fait libre de les refuser, mais serais-tu prêt (et sûr d'être prêt) à en accepter toutes les conséquences, ou plutôt *les deux* conséquences ? La solitude absolue OU la guerre totale tout au long de ta vie et dans tous les domaines de ton existence.

Bref, le meilleur fondement de la morale, c'est le constat que l'humain ne peut pas s'en passer pour vivre. « Si tout le monde faisait comme toi… » : voilà l'objection que l'on fait toujours à celui qui tente de s'exonérer des maximes communes ou des principes fondamentaux… Eh oui ! Si tout le monde faisait comme lui, le monde deviendrait invivable… et reconnaissons qu'il l'est parfois. Cela ne veut pas dire que la morale est vraie ; juste qu'elle est nécessaire.

Tu me sembles déçu, cher lecteur, par cette fondation modeste, voire médiocre. C'est vrai qu'elle semble moins grandiose que celles d'antan : elle n'a ni la puissance du Passé, ni l'évidence du Naturel ni la splendeur du Divin. Elle n'est qu'humaine, c'est son inconvénient ; mais c'est aussi son avantage, car nous la transportons toujours avec nous, pour peu qu'on y fasse attention. Elle est ancrée en nous et non dans l'avant, l'ailleurs ou l'en haut.

Cette fondation possède un autre avantage, qui est de n'être pas faite d'un bloc de béton hérité, contemplé ou révélé. Elle est en constante discussion. Comme le dit fort bien Marcel Conche : « La morale se fonde non sur tel ou tel croyance, religion ou système, mais sur cet absolu qu'est la relation de l'homme à l'homme dans le dialogue[10]. ».Le nouveau fondement de la morale c'est qu'elle se discute !

10. *Ibid.*, empl. 65 de la version numérique.

Drôle de manière d'éviter le relativisme, me diras-tu (toujours déçu, j'imagine). Sauf que quand on discute, on ne fait pas que discuter.

Voici pourquoi.

Quand on discute à plusieurs, et même s'il y a de très profonds désaccords, on reste d'accord sur un point : il est préférable de débattre plutôt que de se battre. Cet accord minimal et tacite n'est pas anodin. Il entraîne avec lui une foultitude de valeurs et de normes éthiques. En effet, dès que je commence à discuter, je reconnais implicitement les principes suivants : il me faut être clair, mon discours doit avoir du sens, je dois être sincère, de bonne foi et la vérité doit être toujours visée à défaut d'être jamais atteinte. Quelqu'un qui nous dirait avant d'entamer une discussion : « Je vous préviens tout de suite, je serai incompréhensible et incohérent, mes propos n'auront aucun sens ni aucune sincérité, ma mauvaise foi sera totale ; et je me moque totalement de la vérité ; d'ailleurs je n'existe pas ! » ; il est très probable que, passé l'effet de surprise, l'échange tournera court. Aucune communication ne serait plus possible. Cela nous révèle que, même sans y penser, nous embarquons avec nous, quand nous échangeons, des *devoirs implicites et normes silencieuses*.

D'abord, la liberté, car, à partir du moment où je délibère, non seulement je me suppose libre (puisque j'ai un choix à faire entre le pour et le contre), mais encore je pose autrui comme libre (puisque je peux espérer le faire changer d'avis) et, en outre, je mise que ma pensée peut avoir des effets sur le réel (sinon pourquoi discuter ?). Bref, j'admets implicitement (et peut-être à tort) que mon choix (pour ou contre) peut modifier la réalité. Ce sont là trois postulats métaphysiques majeurs !

Mais ce n'est pas tout, car, en argumentant, j'affirme aussi l'égalité, puisque dans une discussion véritable, les droits à la parole sont égaux tant qu'ils se soumettent à la règle universelle (elle aussi implicite) du primat de l'argument le meilleur. Quand on délibère, on s'oblige à préférer l'autorité de l'argument à l'argument d'autorité.

Enfin, la fraternité, pour autant que toute discussion repose sur le pacte tacite que j'évoquais – celui qui consiste à préférer l'échange d'arguments à l'échange de coups. Même s'il peut parfois arriver qu'à court d'arguments, on puisse en venir aux mains… Mais ce sera alors l'échec de la délibération. Ce point est confirmé, au niveau international, par cette grande loi de l'histoire : les démocraties ne se sont jamais fait la guerre ! Aussi graves que soient les crises, la discussion conserve chez elles, si je puis dire, le dernier mot.

Il ne sert donc à rien de discuter pour savoir si la liberté, l'égalité et la fraternité sont des fins acceptables pour ceux avec qui je discute ; car dès lors que je délibère, *je les pose comme acceptées* et suis donc logiquement contraint de les admettre. Celui qui les refuserait serait en contradiction avec lui-même. La discussion est, en soi, un vrai contrat moral ! C'est le premier jalon de l'éthique, car elle nous met en relation avec autrui.

Simplement voilà : on ne discute pas toujours de tout ni avec tous ; et rien n'interdit d'être en contradiction avec soi-même. Ne pas être cohérent n'est ni un crime ni un délit. Heureusement d'ailleurs, car les prisons seraient pleines, et le monde libre vide.

Voilà donc le seul fondement possible de la morale : le dialogue, l'argumentation, la délibération qui désignent plus une méthode qu'un dogme ; un cheminement qu'une solution. Le défi est donc de parvenir à convaincre l'autre de la validité de mon point de vue : ce qui n'est pas facile, car je puis être moi-même mauvais argumentateur, l'autre peut être idiot, de mauvaise foi ou animé par une foi au-delà de toute argumentation (religieuse, traditionnelle...). Il peut préférer l'argument d'autorité à l'autorité de l'argument.

Il y a donc une bonne et une mauvaise nouvelle dans cette crise de la morale : la bonne, c'est qu'on peut toujours discuter – et c'est souvent plaisant ! –, la mauvaise c'est qu'on va devoir discuter sans fin – et ça, c'est long. Comme disait Jean-Louis Barrault : « La dictature, c'est ferme ta gueule ; la démocratie, c'est cause toujours. »

Personnellement, et ce malgré tous ses défauts – notamment celui d'avoir du mal à faire face au mal –, je préfère la seconde.

Tu continues d'être déçu, cher lecteur, et je vais finir cette fois par te donner raison. Tu te dis que cette fondation est intéressante, mais que c'est quand même un « truc de philosophe ». Car, en cas de conflit éthique, si les gens ne sont pas *déjà* d'accord, ils ne le seront jamais ! Et la discussion n'y fera pas grand-chose, car le conflit fait perdre la tête…

Une fondation ultime de la morale n'est donc pas possible.

Mais pourrais-tu m'accorder au moins une chose ? Réfléchir, même sans réponse définitive, à la question des fondements permet de lutter contre une tentation très forte, et sans doute nocive, celle, si fréquente, de revenir au bon (?) vieux temps de l'évidence et de l'infaillibilité. Celle du dogmatisme moral.

Or, cette tentation n'a pas disparu. Elle revient même à très vive allure. Certes, ce ne sont plus du côté des coutumes ou des commandements divins qu'il faut se garder – même si les fondamentalistes ne désarment pas –, mais d'une nouvelle prétendante incroyablement puissante et séductrice. Elle s'appelle la PEUR ! Sa force est telle qu'elle parvient, elle aussi, à fermer les bouches, à clore les débats et à vider les têtes.

C'est une autre excellente candidate à la fondation moderne de la morale : comme le dialogue, elle est humaine, très humaine ; mais, face à nos doutes, elle s'impose avec autorité et règle nos conduites aussi efficacement que le faisaient jadis les rites ou les interdits religieux. Peut-être même plus. Elle nous dicte aujourd'hui ce qu'il faut manger ou boire, l'air qu'il faut respirer, ce qu'il faut consommer ; ce qui est permis et interdit dans tous les domaines de la vie.

La PEUR ou le DIALOGUE ? Tel est, cher lecteur, le combat des fondements auquel je te convie à présent. Suis-moi, si tu le veux, dans ce match où s'affrontent aujourd'hui deux piliers concurrents de l'éthique. Donnons-leur leurs noms grecs : d'un côté, PHOBOS, la peur ; de l'autre, BOULÈ, la délibération. Cette lutte n'a pas lieu dans les sphères élevées des principes, mais dans les nouveaux territoires où l'on doit désormais les appliquer. Car, face à des chantiers tout à fait inédits, la « panique morale[11] » tend à produire une *morale de la panique*.

Attention ! le match commence, redoutable et incertain, car l'éthique vient d'entrer en terre inconnue.

11. L'expression a été inaugurée par le sociologue américain Stanley Cohen (*Folk Devils and Moral Panic: The Creation of the Mods and Rockers*, 1972) pour désigner une société atteinte par ce que Laurent Bouvet a appelé « l'insécurité culturelle » (Fayard, 2015). Ruwen Ogien a repris la formule pour plaider en faveur d'une éthique minimale : *La Panique morale*, Grasset 2004.

II- L'ÉTHIQUE EN TERRE INCONNUE...

NOUVEAUX CHAMPS D'APPLICATION

D'abord la bouffe, ensuite la morale.

Bertold Brecht, *L'Opéra de quat'sous*

Il était une fois une jeune princesse appelée Callagathe. Son père, le roi Théophile Ier, était veuf et aimait son unique enfant plus que la prunelle de ses yeux. Pieux et sage, il conçut pour elle une éducation spéciale afin de la préparer à son futur rôle de reine. Il lui confia, le jour de ses sept ans, un petit territoire d'un hectare sur lequel elle devait s'exercer à l'art de gouverner. Oh, il n'y avait pas grand monde sur son domaine : à vrai dire personne d'autre qu'elle ! Mais la jeune Callagathe aimait à jouer à la reine parmi les lapins, les biches et les brebis. Certains graves conflits mettaient en péril la paix du territoire : le chien du paysan voisin y faisait régulièrement des incursions ; de même que le chat de sa gouvernante... ; il y eut même, une nuit, un renard de la montagne qui fit un vrai carnage dans l'académie des jeunes poussins. Mais la petite reine fit face à ces dures épreuves avec une dignité, un aplomb et un courage qui forçait l'admiration de son père. Chaque année, il ajoutait à son royaume quelques lopins supplémentaires qu'elle gérait avec sagesse, justice, courage et modération.

Théophile Ier était le benjamin d'une fratrie qui, à la mort du père, s'était partagé en trois son royaume. L'aîné, Presbyterios IV, avait obtenu les territoires de l'Ouest et du Nord ; tandis que le deuxième, Physionaute III, héritait de l'Est. À Théophile Ier, il était revenu le Sud. Mais évidemment les relations entre eux n'étaient guère fraternelles ; plutôt du genre guerre fratricide… Après un repas de noël houleux, Presbytérios IV, sûr de son droit d'aînesse et de sa force, attaqua par surprise ses deux cadets. La bataille fut brève mais d'une violence inouïe et surtout désastreuse : les trois frères périrent, de même que la totalité des princes héritiers. Seule restait Callagathe qui avait été préservée du combat par son père. Elle était donc la seule héritière légitime des trois royaumes. À peine installée sur ce trône lors d'une trêve fragile, elle apprit que trois missions d'explorateurs, initiées par les trois rois, étaient proches de revenir. L'une avait découvert des terres au-delà des mers, la deuxième, au-delà des cieux, la troisième, au-delà de l'invisible, dans l'infiniment petit. Et chacune s'était approprié ces nouveaux territoires au nom de son roi. Callagathe régnait donc désormais sur un empire démesuré : était-il trop vaste pour elle ? Peut-être. Tétanisée par l'ampleur de sa responsabilité, elle fit enfermer aussitôt dans un cachot secret la totalité des explorateurs en faisant courir la rumeur qu'ils étaient morts en mission. Elle renonça aussi aux trois couronnes de ses oncles et même de son père, laissant les trois régions poursuivre leur guerre dévastatrice. Et elle retourna régner sagement sur ses lapins et son petit lopin. La légende raconte qu'à partir de ce moment, elle ne cessa de rajeunir, retrouvant sa petite voix et son physique de fillette ; jusqu'à même disparaître enfin dans les limbes. Face aux défis nouveaux, elle avait réinventé l'éthique de la peur, la décroissance et le principe de précaution, tandis qu'à l'extérieur de son monde de plus en plus étroit, le chaos s'installait partout.

* * *

Cette fable inventée à ton intention, cher lecteur, résume à peu près notre situation éthique : sans plus bénéficier des secours incontestables ni de la tradition, ni de la nature, ni de la religion, nous pénétrons toujours plus loin et plus vite en terre inconnue : comment coloniser ces nouveaux territoires éthiques ? La nature à protéger, le vivant à bricoler, l'intelligence à artificialiser. Comment faire face à ces nouvelles questions qui touchent tous les aspects de notre vie ? Comment habiter notre environnement ? Et comment vivre avec tous ces autrui, quand, en 2100, ils seront près de 11 milliards ?

1) L'éthique de la peur

En 1979, le philosophie allemand Hans Jonas, très peu connu en dehors du cercle des érudits, fait paraître un livre dont le succès en Allemagne sera fulgurant, *Le Principe responsabilité*[12]. Il y défend une thèse simple, mais spectaculaire : dès lors que l'humanité dispose du pouvoir de détruire la planète et donc de se détruire elle-même, on ne peut plus penser l'éthique comme avant. Jonas avait en tête la menace nucléaire, mais aussi les dégradations environnementales irréversibles produites par la technique humaine.

Vingt ans plus tard, le politologue américain Francis Fukuyama, célèbre pour avoir prophétisé la chute du mur de Berlin en 1989 dans un article fameux intitulé « La Fin de l'histoire », fait amende honorable. Non, écrit-il en substance, l'histoire n'est pas finie ; et je me suis trompé. Certes, le capitalisme et la démocratie constituent bien l'horizon indépassable de notre temps, mais les découvertes époustouflantes dans les domaines biologiques et génétiques promettent des bouleversements radicaux. L'histoire, si elle semble achevée sur

12. *Le Principe responsabilité : une éthique pour la civilisation technologique*, trad. fr., Éditions du Cerf, 1990.

les plans des grands modèles économiques et politiques, va se poursuivre tragiquement du côté des sciences et des techniques. La fin de l'homme[13] est annoncée, ou du moins de l'homme tel que nous le connaissons.

Et presque vingt ans plus tard, Bill Gates, Elon Musk et l'astrophysicien Stephen Hawking enfonçaient le clou : « La création d'une Intelligence artificielle sera un grand événement dans l'histoire de l'homme. Mais ce pourrait être le dernier[14]. »

Destruction de la nature et fin de l'homme, de son corps vivant comme de son esprit pensant : voilà les angoissantes perspectives que nous apporte la modernité. Pour ces auteurs (et beaucoup d'autres), le rêve du progrès bascule dans le cauchemar, l'utopie se fait dystopie, la peur remplace l'espérance. Il nous faudrait donc repenser la morale du tout au tout.

À partir de là, l'humanité cède à une sorte de « panique morale », tétanisée par le sentiment que le train de l'éthique a pris beaucoup de retard sur celui de la technique. Submergées par le flot des questions urgentes, complexes et mondiales, les digues des réponses, des principes et des règles paraissent sauter les unes après les autres.

---

13. *La fin de l'homme. Les conséquences de la révolution biotechnique*, trad. fr., Gallimard « folio », 2004.
14. Repris dans *L'Express*, 6/05/2014.

D'où cette idée séduisante... en apparence : il faudrait refonder la morale non plus sur l'espérance (par exemple d'être heureux ou, au moins, d'être digne du bonheur) mais sur la peur elle-même. C'est ce que proposait Hans Jonas en parlant de « l'heuristique de la peur » (ou comment la peur permet de comprendre) ; c'est ce qu'affirmait son collègue Günther Anders : « N'aie pas peur d'avoir peur ; aie le courage d'avoir peur. Aie le courage de faire peur. Communique à tes voisins une peur égale à la tienne [15]. » La crainte d'un danger commun et terrible doit nous indiquer des principes radicalement neufs.

Serions-nous entrés dans l'âge de la morale des lanceurs d'alerte ? En anglais, le lanceur d'alerte se dit *whistleblower* : certains y voient l'image des suricates siffleurs qui, quand surviennent les prédateurs, lancent le signal de fuir ou de se planquer. Quelle belle éthique nous avons-là que celle de la fuite ou de l'immobilisme !

La peur serait-elle désormais notre seul guide fiable en matière de morale ? Pour ne rien te cacher, cher lecteur, ceux qui pensent cela me font... un petit peu peur. Voici pourquoi.

---

15. *La Menace nucléaire – Considérations radicales sur l'âge atomique* (1959), publié en 2006 au Serpent à plumes.

D'abord la peur n'a jamais été bonne conseillère puisque, comme on sait, elle n'évite pas le danger. C'est une émotion, utile sans doute pour la survie, mais qui n'a rien d'une vertu. Pour les sages de l'Antiquité – tous d'accord à ce sujet –, c'était même son exact contraire. Ils y voyaient le signe le plus évident de la passivité, là où la morale exige la maîtrise. Selon eux, céder à ses peurs était non seulement un vice, mais un non-sens absolu pour les mortels. Car pourquoi l'homme est-il mortel au fond ? Ce n'est pas seulement parce qu'il meurt ou parce qu'il sait qu'il va mourir. C'est surtout parce que la peur de la mort l'empêche de vivre. Avec la peur, la mort n'a pas besoin d'attendre l'épuisement du corps : elle est déjà là. Ne dit-on d'ailleurs : « J'étais tellement inquiet, que je ne vivais plus » ? On ne vit plus quand le passé effraie et que le remord ou le regret nous envahit ; on ne vit plus quand le goût du présent s'estompe dans la mélancolie ; on ne vit plus quand le futur n'est qu'un motif d'angoisse auquel on aspire à échapper.

Comment ce qui nous empêche de vivre et nous tue dès à présent pourrait-il nous sauver ? Comment la peur serait-elle une vertu, un devoir ou une sagesse ? Impossible, disaient les Anciens. Ce pourquoi ils faisaient du courage la condition de la vertu, sans pour autant la confondre avec elle, car il existe aussi des méchants très courageux ! Voilà pourquoi une éthique de la peur est problématique ; car pour entrer dans la morale, il faut être sorti de la peur.

Mais, pour ses partisans contemporains, l'apologie de la trouille a un avantage supérieur à cet inconvénient. Plongés dans la « frénétique léthargie » de notre quotidien, nous n'avons pas conscience, le plus souvent, de la redoutable fragilité du monde et de l'humain. Nous sommes convaincus que le progrès avance d'un pas sûr et que rien n'exige de changer nos habitudes bien ancrées. À la fois progressiste et conservateur, l'individu hypermoderne ne voit pas les nuages s'accumuler à l'horizon. Ou s'il voit l'orage, il lui semble lointain ou évitable ou pas forcément violent… Les moralistes de la peur veulent causer un choc en annonçant un pire certain. Pour eux, il faut reconfigurer d'urgence le disque dur de l'éthique, c'est-à-dire des devoirs et des priorités. La peur, mieux que la froide raison, y parviendra, quitte à en rajouter un peu…

J'ai pourtant du mal avec cette idée de « choc éthique » par la terreur. Ses adeptes y voient la condition de l'intelligence ; j'y perçois plutôt l'occasion de la bêtise. Car la peur à un autre défaut, si je puis dire, que celui de nous tuer avant la mort : elle nous clôt le bec. La trouille fonctionne comme un argument d'autorité que s'efforcent d'agiter les extrémistes de l'écologie[16]. De nos jours, qui ne tremble point commet aujourd'hui le triple péché d'ignorance, d'insouciance et d'impuissance, et il sera aussitôt cloué au pilori. C'est le « OK boomer ! » ; le « Mais tu ne vois pas qu'on va dans le mur ? » ; le « Il faut changer tout le système ! ». Jadis, c'était la crainte de l'enfer qui entraînait la conversion ; aujourd'hui c'est l'angoisse d'une catastrophe climatique. Mais la conversion, elle, a gardé tout son sens : il faut se retourner d'un seul coup et renoncer à tout pour la Cause. Ne négligeons pas cet avantage énorme que nous offre la peur dans un monde complexe, incertain, réputé illisible, dénué de « grand récit » : elle nous donne du sens ! Ce n'est plus l'avenir radieux de la révolution communiste, c'est l'avenir piteux de la débâcle environnementale ; mais la fonction est la même : nous révéler la véritable signification des choses, soit l'apocalypse. La peur, au fond, nous

16. C'est entre autres le cas du mouvement Extension Rébellion (XR) dont le texte interne a fuité dans le *Spectactor* (4 avril 2020). Il invitait à profiter du contexte favorable de la crise de la Covid-19 (une divine surprise !) pour « effrayer » les gens en mettant en avant « la peur de la mort, de la famine [...], de l'enfer sur terre, des incendies et des inondations », avec les « enfants et les personnes vulnérables en première ligne ». https://www.spectator.co.uk/article/revealed-extinction-rebellion-s-plans-to-exploit-the-Covid-crisis

rassure et nous rassemble. Elle fait sens, elle fait lien, elle fait programme. Soit tout ce qui manque à nos temps désenchantés. Ce pourquoi la peur est un terrible concurrent du fondement fragile et imparfait qu'est la délibération, et ce d'autant plus que les nouveaux domaines de la technoscience mettent à rude épreuve les piliers de notre imaginaire collectif.

2) Prométhée, Faust, Frankenstein

Prométhée, Faust, Frankenstein : tel est le tiercé gagnant de notre imaginaire moral [17]. Il s'agit d'un bloc mythologique, tant les trois récits, progressivement agglomérés, renvoient les uns aux autres.

Prométhée, c'est le fameux Titan qui a dérobé le feu à Zeus et la technique aux dieux pour les offrir aux hommes. Il symbolise l'émancipation humaine à l'égard du divin. C'est à lui que le tragédien grec, Eschyle, fait dire (dans *Prométhée enchaîné*) : « Écoutez les misères des mortels, et comment des enfants qu'ils étaient j'ai fait des êtres de raison, doués de pensée… [Contre un Zeus hostile], j'ai eu cette audace, j'ai libéré les hommes et fait qu'ils ne sont pas descendus, écrasés dans l'Hadès. »

17. Voir Dominique Lecourt, *Prométhée, Faust, Frankenstein, Les fondements imaginaires de l'éthique*, Livre de poche, 1998.

Faust, c'est l'image de la démesure de l'homme, qui aspire à devenir l'égal de Dieu : atteindre l'omniscience par le savoir, l'omnipotence par la technique, la perfection par l'intensité ultime de l'existence, et, *in fine*, l'immortalité. C'est un type d'homme, dit Oswald Spengler, le grand théoricien du *Déclin de l'Occident*. (1919) qui a « voulu créer soi-même un monde, être soi-même Dieu ». Et donc se créer lui-même : le self-made-man !

Quant à Frankenstein (« Prométhée moderne », selon le sous-titre de Mary Shelley), il représente l'échec et la chute du prétentieux apprenti sorcier incapable de maîtriser les conséquences désastreuses de ses pouvoirs exorbitants. La créature créée de toutes pièces par le docteur Victor Frankenstein se retourne contre lui et finit par l'asservir d'abord et le détruire enfin. C'est l'image d'un progrès technique qui, loin d'améliorer les conditions d'existence de l'humanité, l'opprime et la dévaste.

Ces trois mythes nourrissent les critiques de la modernité, mais ils peuvent aussi alimenter son éloge : l'émancipation à l'égard du divin, c'est la sortie de l'enfance ; l'accès à l'autonomie du savoir et des actes, c'est le passage à l'âge adulte. Quant au créateur qui voit s'échapper sa créature, c'est ce qui arrive à Dieu en particulier et à tous les parents en général : pour eux, rien de plus banal ni de plus souhaitable que de voir leurs enfants s'émanciper… enfin !

Selon qu'on lira ces mythes comme un risque ou une chance, on préférera suivre *Phobos* ou *Boulè* dans l'exploration des *terras incognitas* de l'éthique. Car ce sont trois continents tout à fait neufs qui se présentent à nous.

D'abord celui de la *Nature*. Pour les Anciens, elle était synonyme d'immensité et d'éternité, car, en elle, tout naît, tout croît, tout meurt, à l'infini. Nous autres Modernes pensons que la nature elle-même est mortelle, et peut-être par notre faute, mais que nous disposons du pouvoir – extraordinaire – de la sauver. Ensuite, le continent de la *Vie humaine*, c'est-à-dire de la naissance et la mort qui étaient jadis l'expression même de la fatalité. Elles sont aujourd'hui, elles aussi, dans le giron de la maîtrise humaine : naître ou ne pas naître ? Mourir ou ne pas mourir ? Telles sont les questions… ouvertes. Enfin, *l'Esprit*, troisième terre inconnue qui se révèle peu à peu grâce à l'expansion de la puissance de calcul des ordinateurs et la production massive de données. L'Intelligence artificielle bouscule les frontières entre l'humain et la machine, entre le corps et l'âme, entre le vivant et le matériel. Sauver la planète, bricoler le vivant, façonne l'esprit : ce sont les nouveaux terrains de jeu de l'éthique qui bouleversent, cela dit, moins les principes que leur application.

3) Sauver la planète ! Éthique de l'environnement.

Je pense que tu es, comme moi, cher lecteur, incapable de savoir sur quel tempo danser. Le passé ? On ne peut pas, en toute honnêteté, souhaiter revenir ne serait-ce qu'un siècle en arrière pour ce qui est de la santé, de la sécurité, de l'espérance et la qualité de vie. Comment regretter qu'une immense partie de l'humanité soit sortie de la misère ? En même temps, on voit disparaître à vive allure le monde d'hier qui n'avait pas que du mauvais : une certaine beauté, du style, des liens forts, des choses simples, le souci du travail bien fait, une éducation exigeante, le sens de l'économie. Et nous voyons l'avenir arriver – sombre, risqué, inquiétant, conflictuel – avec cette question : n'allons-nous pas payer cher le prix de tous les progrès accomplis ? La balance des pertes et profits n'est-elle pas en train de pencher du mauvais côté ? N'allons-nous pas payer un prix exorbitant des progrès hallucinants ? Bref, difficile d'habiter notre époque : nous ne pouvons être ni nostalgiques du passé ni sereins sur le présent ni optimistes pour l'avenir, parce que tout va à la fois de mieux en mieux et de pire en pire. Ce trilemme explique, je crois, la complexité de la querelle éthique de l'environnement.

L'écologie n'est qu'un maillon supplémentaire de la longue histoire du principal souci de l'humanité depuis qu'elle existe. Sa formule est rustique : « Pourvu que ça dure ! » Pour que dure un peu la vie après la mort, elle invente les rites funéraires ; pour que dure la lignée après l'individu, elle invente la famille et l'héritage ; pour que dure la trop brève existence, on invente l'hygiène et la médecine ; pour que durent les hauts faits et les grandes paroles, elle invente l'écriture, l'art, le livre, l'épopée… « Pourvu que ça dure ! » : c'est aussi la formule du développement durable. Le paysan de jadis devait garder sa terre ; l'individu hypermoderne doit garder la Terre. Ce n'est pas un slogan conservateur, car il ne signifie pas qu'il faut *tout* garder ! Entre le « c'est bien parce que c'est ancien » (des conservateurs) et le « c'est beau parce que c'est nouveau » (des progressistes), il y a le « pourvu que ça dure » de ceux (et j'en suis !) qui veulent conserver la possibilité de progresser. Voilà ce que doit protéger une écologie humaniste : ce n'est pas la Nature, ce n'est même pas l'espèce humaine, ni l'Esprit. Non, c'est la volonté de grandir de l'humanité, parce que *sans cette volonté de grandir l'humanité n'existe pas*.

Trois manières d'être écolo

Il y a en gros trois manières d'être écologiste[18]. La première est fidèle au sens originel du terme[19]. L'*écologie* est la science (*logos*) de la maison (*oikia* en grec) proche de l'*économie* qui désigne l'art de bien la gérer. Pour elle, s'il faut protéger la nature, c'est parce qu'elle est le logis de l'homme ou son environnement. Bien sûr, il n'y vit pas seul, et d'autres vivants (animaux et végétaux) partagent les lieux, mais il est le seul à s'en sentir globalement responsable parce qu'il dispose du pouvoir de la modifier en profondeur. C'est une écologie anthropocentriste qui met l'homme au centre de l'éthique, à la fois comme problème, comme fin et comme moyen : l'homme change la nature (c'est le problème), pour améliorer son existence (c'est la fin), grâce à la science et la technique (c'est le moyen). La deuxième écologie est *pathocentriste*, car ce qu'elle met au centre n'est plus l'homme en particulier, mais la lutte contre la souffrance (*pathos*) en général, peu importe que celle-ci soit humaine ou pas. Cette

18. Voir Luc Ferry, *Le Nouvel Ordre écologique*, Grasset, 1992.
19. Il est conçu par Ernst Haeckel, biologiste, philosophe et peintre allemand (1834-1919), disciple de Humboldt et diffuseur de Darwin en Allemagne. Ses dessins de méduses et radiolaires ont fourni des motifs à l'art nouveau, tandis que sa philosophie moniste participait à la diffusion d'une théorie générale des races.

écologie, qui intègre donc au moins les animaux, fait de la lutte contre le malheur et pour le bien-être global son objectif exclusif. Elle correspond à l'éthique « utilitariste ». La troisième écologie est *gaïacentriste* (de *Gaïa*, la déesse Terre). Cette fois, c'est la Terre (ou la Nature) qui est au centre. Celle-ci doit être protégée pour elle-même, et peu importe s'il faut, au passage, éradiquer quelques humains ou autres bestioles insignifiantes. Leur existence n'a de valeur que comme des moyens dont la nature se sert à son seul profit.

Entre ces trois écologies, c'est la grande confusion. Les deux premières proposent une véritable éthique ; la troisième offre plutôt une religion.

Une idée de génie : l'écosystème !

Pardonne-moi, cher lecteur, d'insister un peu sur celle-ci, car, très séduisante, elle est la responsable de certaines dérives contemporaines dont il faut d'urgence dépolluer l'écologie pour la rendre plus efficace. Celles-ci viennent de l'exagération idolâtre d'une idée de génie : l'écosystème.

S'il fallait en nommer l'inventeur moderne, ce serait sans hésiter Alexander von Humboldt (1769-1859). Naturaliste, explorateur, géographe, géologue, conférencier populaire, il est en son temps l'homme le plus célèbre du monde après Napoléon.

Son ouvrage, *Cosmos – Esquisse d'une description physique du monde* (quatre volumes à partir de 1845), connaît un succès époustouflant, à la hauteur de son ambition de changer le regard de ses contemporains sur la nature. Il est le déploiement foisonnant d'une intuition – ou devrais-je dire plutôt d'une expérience mystique – qui eut lieu le 23 juin 1802. Humboldt a alors trente-deux ans et il parcourt les Amériques depuis trois ans. Parmi ses hauts-faits : l'exploration de la région du Haut-Orénoque et la découverte d'un lien navigable avec l'Amazone. Après un séjour à Cuba pour déposer ses collections d'échantillons, il décide de traverser les Andes à pied jusqu'à Lima (soit la bagatelle de 4 000 kilomètres de randonnée). C'est au cours de ce périple qu'il se lance dans l'ascension du Chimborazo, volcan éteint des Andes, qui était considéré à l'époque comme le sommet du monde avec 6 400 mètres d'altitude. L'ascension se fait dans un brouillard épais ; la plupart des guides l'ont abandonné. Il note que la vie se fait de plus en plus rare au fur et à mesure de la montée : les arbres et les plantes se raréfient, les condors ne volent plus ; même les lichens ont disparu : seul le minéral subsiste. Il découvre les lignes isothermes. Soudain, le brouillard s'écarte et le sommet apparaît, éblouissant. Las ! Une crevasse de 600 mètres de profondeur l'empêche d'aller au bout, mais qu'importe ! Depuis le toit du monde la Terre se révèle à lui autrement : c'était un grand organisme vivant dont tous les éléments sont reliés les uns aux autres. Pour la voir et la comprendre, il faut penser à tout : l'altitude, la température, le climat, les précipitations, la géologie, les interactions entre la flore et la faune, car les déchets des uns sont la nourriture des autres, des insectes réputés nuisibles sont indispensables, des éléments microscopiques jouent un rôle essentiel. « Dans ce grand enchaînement des causes et des effets, aucun fait ne peut être considéré isolément. » Mais pour saisir ce Tout, il faut se sentir soi-même dans le Tout. En atteignant le sommet du monde, Humboldt avait compris qu'il ne dominait pas la Terre, mais qu'il était en elle. D'où l'expérience mystique, non de la fusion en Dieu, mais d'une Nature en fusion. Voilà comment est née l'idée d'écosystème, renouant avec le cosmos des Anciens, la précision de la science moderne en sus. C'est une grande idée, métaphysique quand on l'applique à la Terre entière, esthétique lorsqu'on veut en décrire la beauté, mais aussi très pratique et opérationnelle quand on cherche à comprendre des situations locales (voir encadré : lac de Valencia). Mais est-ce une idée éthique ?

Quand Humboldt arrive au **lac de Valencia** (Venezuela) en 1800, il est ébloui par la beauté sublime des lieux. Entouré par les montagnes, avec quelques ilots clairsemés, le lac était peuplé de milliers d'oiseaux : hérons, flamants roses, canards sauvages… Au coucher du soleil, tous s'envolaient des rives pour aller nicher dans les îles rocheuses. Vision idyllique… Mais voilà, les paysans locaux lui apprennent que le niveau du lac baisse beaucoup depuis une vingtaine d'années. Toute la zone semble en voie d'aridification. Humboldt n'est pas long à en comprendre la cause : la déforestation ! L'abattage des arbres avait détruit le système qui maintenait l'humidité ambiante ; du coup, les sources se tarissaient et les rivières, à sec pendant la majeure partie de l'année, se transformaient en torrents à la saison des pluies. Leurs flots lessivaient les sols, accentuaient l'érosion et rendaient les terres infertiles. Toute l'eau des montagnes se perdait en crues dévastatrices pendant que le lac s'asséchait. L'homme était en train de détruire son environnement par une surexploitation forestière. Des vers de terre à l'humus, des broussailles aux oiseaux,… la fécondité et la beauté du lieu étaient menacées.

Pour ma part, je ne le pense pas, car j'y vois au contraire la dissolution du point de vue moral dans le grand Tout. Mais certains en sont convaincus, comme le grand écologiste Aldo Leopold (1887-1848) : « Une éthique de la terre fait passer l'*Homo Sapiens* du rôle de conquérant de la communauté-terre à celui de membre et citoyen parmi d'autres de cette communauté. Elle implique le respect des autres membres et aussi le respect de la communauté en tant que telle[20]. » Or, si la nature est un grand écosystème, dans lequel tout est relié à tout, la moindre modification d'une infirme partie aura des conséquences sur la totalité. Le monde est une harmonie fragile et vulnérable où l'homme apparaît comme un dangereux électron « libre ». C'est cette idée qui fonde ce qui est devenu notre principe directeur en matière d'environnement, soit : le principe de précaution. Ou plutôt, pour que les choses soient claires, cher lecteur, le *funeste* principe de précaution.

Le délire de précaution

Quand on l'examine « à la lettre », c'est un principe subtil qui concerne des risques mal connus, dont les conséquences seraient terribles et surtout

20. *Almanach d'un comté des sables* (1949), Flammarion, 2000. « L'éthique de la terre élargit simplement les frontières de la communauté de manière à y inclure le sol, l'eau, les plantes et les animaux ou, collectivement, la terre.» (id., p.258).

irréparables[21]. Parce que la nature est un système complexe, « plus intelligent que nous », nos actions risquent à tout moment de produire des dégâts imprévus. Tout comme les paysans du lac de Valencia voulaient sans doute étendre leurs terres cultivables, favoriser les déplacements, cuire leur nourriture, construire leurs maisons et peut-être débroussailler pour rendre les alentours plus agréables à l'œil, sans se douter que les conséquences pour eux seraient fâcheuses.

Mais la subtilité originelle du principe a vite volé en éclat, pour devenir synonyme du « risque zéro », c'est-à-dire une prime à l'inaction. C'est toute la différence désormais entre la *prudence* (qui suppose la délibération) et la *précaution* (qui joue sur la peur).

Dans le sens courant, le prudent est celui qui temporise avant d'agir, qui prend son temps, hésite

---

21. Il a été introduit dans la Charte de l'environnement adossée à la Constitution française en 2005 (article 4) : « Lorsque la réalisation d'un dommage, bien qu'incertaine en l'état des connaissances scientifiques actuel, pourrait affecter de manière grave et irréversible l'environnement », le principe de précaution enjoint les autorités publiques « de veiller à la mise en œuvre de procédures d'évaluation des risques et à l'adoption de mesures provisoires et proportionnées afin de parer à la réalisation du dommage ».

et pèse longuement le pour et le contre. Au sens philosophique, c'est presque l'inverse, le prudent est celui qui sait quoi faire, quand le faire et comment le faire.

> ***Le chef prudent ?***
> ***Portrait de Thémistocle par Thucydide***
>
> « Thémistocle [était] une personnalité exceptionnelle. Grâce à sa perspicacité, qu'il ne devait à aucune formation préalable et à laquelle l'étude ne put rien ajouter, il était capable, devant une question urgente, de discerner avec une promptitude extrême la meilleure solution, capable aussi de former les conjectures les plus clairvoyantes au sujet de l'avenir le plus lointain. Quand il s'occupait d'une affaire, il savait en exposer toutes les données, et, sur celles mêmes qui ne lui étaient pas familières, il ne laissait pas de porter des jugements valables. Placé devant une situation encore confuse, il excellait à en percevoir par avance les éléments favorables et les inconvénients. Bref, par la rapidité avec laquelle il se mettait au fait, il était sans égal pour improviser les mesures nécessaires. » (*Guerre du Péloponnèse*, I, 138)

Le prudent a, comme on dit, l'intelligence de la situation. Quand il faut prendre une décision, il identifie les options, évalue les risques, envisage les circonstances, pèse les rapports de force, et *in fine* tranche. La prudence est l'aptitude à décider en situation d'incertitude. La précaution du principe de précaution est un cas particulier de cette prudence qui lui ajoute deux éléments. D'abord, elle intervient pour des décisions dont les conséquences, parce que la situation est très complexe, ne peuvent être clairement évaluées ; ensuite, pour des décisions qui pourraient causer des dommages considérables et surtout irréversibles. Voilà ce que la précaution ajoute à la prudence : un danger colossal et un calcul des risques qui défie l'entendement. On doit mettre en œuvre ce principe lorsque l'on craint qu'une action humaine soit la cause d'un processus immaîtrisable : un engrenage hors de tout contrôle, causant des dommages irréparables pour des dégradations infinies.

C'est ce principe qui aurait dû inspirer le Dr Frankenstein avant qu'il donne vie à sa créature ; et c'est ce même principe qui l'incite à lui refuser une compagne : il veut éviter que ce monstre puisse se reproduire à l'infini ! Tel est donc la cible du principe de précaution : l'apprenti sorcier…

Sauf que, en voulant empêcher l'apprenti sorcier, on risque fort d'éliminer la science et une bonne part de la technique humaine. Car tout le problème du principe de précaution, tel qu'on vient de le définir ici, est qu'il est très subtil. Et cette subtilité ne résiste guère à l'usage.

La guerre du feu n'aura pas lieu

Il était une fois, il y a très longtemps, un jeune chasseur nommé Tarouk, qui venait juste d'être initié. Un beau jour alors qu'il jouait gentiment avec son jeune frère à se balancer des pierres dans la figure, il eut la surprise de voir le feu prendre dans la hutte familiale. Après avoir éteint les flammes à grand-peine, il refit l'expérience des pierres et comprit que ces « silex » avaient un pouvoir extraordinaire. Il fit part au chamane de cette découverte, mais aussi aux Anciens qui décidèrent aussitôt de se réunir. Les Anciens délibérèrent fort longtemps pour savoir s'il fallait punir Tarouk ou le féliciter. Après de longs débats, le conseil décida que cette pratique pouvait causer des dommages imprévisibles et irréversibles. Tarouk fut mis à mort et jouer avec le feu fut définitivement considéré comme tabou. Peu après, privée du feu, l'humanité devint une espèce en voie de disparition et, comme aucune autre espèce ne la jugea digne d'être protégée, elle disparut. Quel dommage ! Car, jamais, on ne put ensuite inventer le principe de précaution.

Les deux principales critiques qui lui sont adressées sont combinables : le principe de précaution, tel qu'il est défini, est soit inutile, soit dangereux, ce qui est un comble ! Il est inutile quand, comme c'est souvent le cas, on l'invoque à tout bout de champ sur n'importe quel sujet – « Mets ton cache-nez avant de sortir, s'il te plaît, respecte un peu le principe de précaution ! » Il se confond alors avec une plate prudence ou une simple prévention.

Mais son application peut aussi être périlleuse, parce qu'elle introduit une redoutable confusion entre le *danger* et le *risque*. Le danger est la cause possible d'un dommage : une voiture peut nous renverser ; une arête de poisson peut nous étouffer…

Le risque est la probabilité pour ce danger d'advenir. Il sera important si l'on tente, par exemple, de traverser une autoroute en mangeant du poisson ; il sera quasi inexistant si on se balade dans le désert, où il n'y a que peu de voitures et pas de poisson. Si l'on se focalise sur le danger, tout devient source potentielle de dommage irréversible, y compris d'ailleurs la vie qui est, comme on sait, une longue maladie héréditaire, sexuellement transmissible et… mortelle. Et quoi de plus irréversible que la mort ? À partir de là, on voit l'extrême difficulté à limiter l'application du principe de précaution. Quel critère nous dira, en l'absence de toute capacité d'évaluer rationnellement les risques, que telle ou telle action est à éviter ou pas ? Nul ne le sait ! Récemment une enquête a défrayé la chronique, révélant que la viande rouge était cancérogène ; c'est vrai, c'est un danger. Mais le risque est limité, puisque nous ne mangeons pas que de la viande rouge. Le glyphosate est cancérogène ; c'est vrai, c'est un danger. Mais le risque est limité, si nous respectons un certain nombre de conditions d'utilisation et évitons d'en avaler un litre par jour. L'arsenic est un poison mortel, et il y en a dans l'eau que l'on boit tous les jours ; c'est vrai, c'est un danger. Mais la dose est si faible qu'il n'y a aucun risque. On pourrait multiplier les exemples.

Faute de critère précis, peu à peu, le principe de précaution se dégrade en une maxime de ce type : « Il ne faut rien faire qui puisse présenter le moindre risque si nous ne pouvons pas l'évaluer et si nous ne sommes pas sûrs de pouvoir l'éviter. » À vrai dire, on pourrait se contenter du début de la phrase : « Il ne faut rien faire ! » À ceci près que l'inaction peut, elle aussi, être dangereuse. Et c'est cela qui rend le principe de précaution possiblement dangereux : CQFD. Inutile, inapplicable et périlleux, le principe de précaution est un principe dont on pourrait fort bien se passer.

La précaution voudrait un monde sans risques ; la prudence accepte le monde incertain. Choisis ton camp, camarade !

Le grand « mesnage » de la Nature

Le principe de précaution s'est construit à partir d'une vision exclusivement négative de l'idée d'écosystème : l'action humaine est déclarée nocive et coupable sans autre forme de procès. C'est là le fruit d'une pensée étrange qui mêle la culpabilité chrétienne (le péché originel) et le culte païen de la déesse Nature.

L'éthique de la délibération peut opposer à cette vision pessimiste un regard beaucoup plus fécond, me semble-t-il. C'est ce qu'on peut appeler l'écologie positive. Celle-ci ne consiste pas à accuser l'homme, mais à l'inciter 1) à comprendre les écosystèmes ; 2) à les protéger ; et 3) mieux encore, à les imiter !

On entre ici dans un domaine passionnant et même exaltant. On cesse d'opposer environnement et humanité ; ce qui permet de renouer au passage avec une magnifique tradition littéraire : celle des traités d'agronomie.

Inauguré par Hésiode (*Les Travaux et les jours*), ce genre offre un mélange subtil d'observations de la nature, de conseils techniques mais aussi de réflexions philosophico-religieuses. Parmi ses grandes figures : Xénophon et Théophraste, côté grec ; Caton l'Ancien, Varron, Virgile, Hygin, Columelle, Pline l'Ancien, côté romain. Leur influence se fera sentir jusqu'au début du XXe siècle avant que l'agriculture soit tentée par l'industrialisation de sa pratique. Tous ces auteurs portent une seule et même leçon : l'homme est le manager de la nature ! Oh la la ! Je te vois blêmir, cher lecteur, et bientôt tu vas hurler ! « Comment ?! Utiliser les horribles techniques du management capitaliste pour "gérer la nature" ?! Quelle horreur ! »

Pour te rassurer, cher lecteur, je te rappelle que comme le rugby, le tennis et quelques autres trésors, le terme management a été volé et perverti par nos « amis » anglais. Son origine est « ménage » (ou « mesnage » en français ancien), terme jadis utilisé pour désigner la bonne tenue de la maison au sens large, cuisine et dépendances. C'est ainsi que le plus grand agronome de la Renaissance, l'Ardéchois Olivier de Serres (1539-1619), avait publié un bestseller intitulé : *Théâtre de l'agriculture et Mesnage des champs*[22]. C'est là un magnifique programme à réinvestir parce qu'il mêle le beau et le bon, la culture et l'agriculture. Rien de plus logique, après tout. Si la nature est notre maison, l'homme doit y faire le ménage : en prendre soin, la nettoyer s'il salit, en préserver la salubrité et la beauté… Bref, la ménager, la manager, l'aménager…

Comment y parvenir ?

---

22. Actes sud « Thesaurus », 1999.

Punir, réparer, régénérer

On sort ici de la morale (que dois-je faire ?) pour toucher la politique (comment faire ?). Si je tente un petit inventaire des méthodes possibles, j'en vois trois : la punition, la réparation, la sublimation.

Punir les pollueurs ou les faire payer, rien de plus normal ; mais il faut être attentif à respecter les libertés individuelles surtout quand on prétend, du haut d'un savoir toujours teinté de dogmatisme, « changer les mentalités » et « modifier les comportements ». Si elle n'est *que* punitive, l'écologie n'a aucun avenir... en démocratie en tout cas !

L'écologie réparatrice aspire à créer de l'économie circulaire, d'où tout déchet aurait disparu – comme dans la nature. Le jeu n'est pas tout à fait à somme nulle, car, pour recycler, il faut de l'énergie et parfois beaucoup, mais cela permet de rêver à la fin des « décharges » et de redonner sa grandeur au beau métier de réparateur. On répare les objets au lieu de les jeter ; puis, quand la réparation n'est plus possible, chaque pièce est conçue et façonnée pour un autre usage.

La troisième méthode est plus qu'un rêve : une utopie. Il s'agirait de laisser, après notre passage, une nature encore plus belle et plus féconde qu'avant ! Projet délirant ? Pas si, comme on l'a déjà dit, on imite l'abeille. Lorsqu'elle butine le nectar des fleurs, elle accumule sur ses petits poils leur pollen. Et, volant de fleur en fleur, elle assure leur pollinisation. Autrement dit, quand l'abeille produit, sa récolte, loin d'amenuiser les ressources, contribue à leur régénération. Si l'on transpose à l'homme, cela s'appelle le « surcyclage » ou l'économie bleue. Ses partisans ne sont pas des doux rêveurs, mais au contraire de solides pragmatiques qui ont des réalisations fascinantes à leur actif. Ainsi McDonough et Braungart ont conçu une usine de textile en Suisse sans aucun des huit cents produits chimiques habituellement utilisés. Résultat : l'eau rejetée par l'usine est plus propre que celle qui y entre ! Le même modèle a été mis en place pour l'usine Ford de la rivière Rouge dans le Michigan. La zone, ultra polluée, est devenue un havre de verdure sans que la production n'ait rien perdu[23].

Ces exemples peuvent paraître dérisoires face au règne du productivisme à l'échelle mondiale et aux risques environnementaux dans des pays qui, sortant à peine de la pauvreté, voient l'écologie comme un luxe, un souci de riches. Comment faire pour que les 11 milliards d'humains à l'horizon 2100 puissent

23. Cette aventure, et bien d'autres, sont racontées dans le livre traduit en France sous le titre *Cradle to Cradle – Créer et recycler à l'infini*, Éditions Alternatives, 2011, pp. 200-208.

bénéficier d'une qualité de vie – besoin et superflu – similaire à celle des pays développés ? Cela semble impossible, car il faudrait cinq, dix, voire vingt planètes Terre ! D'où la tentation de la décroissance. Mon objection principale à cette réponse n'est pas économique (elle replongerait l'humanité dans la misère), elle n'est même pas politique (il faudrait une dictature pour l'imposer), elle est philosophique : vouloir que l'homme redevienne petit, c'est nier l'humanité dans ce qui fait son essence : grandir. Cette humiliation (soit le retour à l'humus) de l'humain est le secret désir mortifère de l'écologie radicale. Face à elle, l'écologie positive table sur le génie humain. En général, grandir ce n'est pas faire n'importe quoi : cela s'appelle être adulte, et donc responsable.

Renoncer parfois, réparer toujours, régénérer souvent : ces trois méthodes ne sont pas incompatibles. Penser que l'une serait la solution miracle, c'est croire au père Noël (et à ses « arbres morts »). La difficile tâche qui nous attend sera d'articuler les trois... et de délibérer sur la meilleure manière d'y parvenir... sans peur et sans reproche !

Les défis environnementaux sont vertigineux : épuisement des ressources, réchauffement climatique, pollutions en tout genre, chute de la biodiversité...

Au lieu de mettre la science, la technique et l'économie au banc des accusés, il faudrait plutôt admettre qu'on ne pourra les relever qu'en déployant plus de savoirs, plus d'innovations et… plus d'argent, donc une meilleure croissance. Il faut également admettre qu'il existe entre eux des conflits : le nucléaire honni offre aujourd'hui l'énergie la plus efficace dans la lutte contre le réchauffement ; la transition vers les énergies renouvelables se paie d'un coût environnemental gigantesque par l'extraction des « métaux rares » ; l'espérance de vie, la santé, la liberté, la solidarité ont toutes une empreinte écologique. Faut-il, pour autant, y renoncer ?

Le plus grand défi de l'humanité est de dépolluer l'écologie de sa dimension mystique et idéologique. Trop souvent, elle sert aujourd'hui à camoufler des considérations politiques, anticapitalistes ou réactionnaires, voire des élucubrations cosmosophiques. Le « vert » devient le masque de couleurs moins avouables. Cela ne poserait aucun problème en soi, si ce recyclage n'empêchait l'écologie efficace d'émerger, car le rêve du Grand Soir interdit les petits matins.

Il y a plein de choses absurdes dans notre mode de vie. On sort des supermarchés avec des sacs pleins qui, une fois déballés chez nous, remplissent les poubelles de sacs encore plus pleins. C'est le paradoxe de l'artichaut, ce vrai plat de pauvre, selon Coluche : après l'avoir mangé, il y en a plus dans l'assiette qu'avant. Le lendemain, on se laisse tenter par une machine à laver qui va sauver la planète, avec un taux énergétique AA+ et une consommation en eau digne d'un chameau. Un mois plus tard sa petite serrure en plastique se casse et le linge reste bloqué. C'est le paradoxe *Challenger*, du nom de la navette, monstre de technologies de pointe, qui explosa en juin 1986 à cause de la défaillance d'un simple joint. On pourrait multiplier les exemples : mort des centres-villes par excès de centres commerciaux périphériques qui causent l'artificialisation des sols.

Mais la somme de ces absurdités dans notre mode de vie rend-elle notre mode de vie absurde ? C'est ce que veut nous faire croire l'écologie radicale et c'est ce qu'entend refuser l'écologie ordinaire en appelant, non à changer de système, mais simplement à lutter contre le gaspillage pour le recyclage et en faveur du bricolage ! C'est moins exaltant, mais plus efficace.

4) Bricoler le vivant : la biothique

« Si nous ne t'avons donné, Adam, ni une place déterminée, ni un aspect qui te soit propre, ni aucun don particulier, c'est afin que la place, l'aspect, les dons que toi-même aurais souhaités, tu les aies et les possèdes selon ton vœu, à ton idée. [...] Si nous ne t'avons fait ni céleste ni terrestre, ni mortel ni immortel, c'est afin que, doté du pouvoir de te modeler et te façonner toi-même, tu te donnes la forme qui aurait eu ta préférence. »

Cette promesse, faite par le Créateur à Adam, n'est pas tirée d'une série de science-fiction ; elle est écrite, en 1485, par Pic de la Mirandole dans son petit traité *De la dignité de l'homme*, prélude à ses sulfureuses *900 conclusions philosophiques, cabalistiques et théologiques,* qui seront ensuite condamnées par l'Église[24]. Avec le recul, cela peut surprendre car la couverture du livre aurait très bien pu être illustrée par le célèbre plafond de la chapelle Sixtine peint par Michel-Ange (1512). En créant l'homme, Dieu ne crée pas un être vivant ; il crée un être qui va bricoler le vivant, car l'humanité est vraiment née lorsqu'un humain a éprouvé le désir saugrenu d'améliorer l'humain : c'est-à-dire de s'augmenter.

Quand cela est-il arrivé ? Impossible à dire, mais c'est le cœur de toute culture humaine. S'arracher à la nature ; manger cuit plutôt que cru (invention de la gastronomie) ; retarder les pulsions sexuelles

24. *De la dignité de l'homme*, L'éclat poche, 2016.

pour les sublimer (invention du *coitus interruptus* – que, pour autant qu'on le sache, peu d'animaux pratiquent –, mais aussi de l'adolescence et de l'amour) ; canaliser l'agressivité (invention de la politesse et de la politique) pour la rendre plus efficace (invention de la guerre) ; construire des maisons pour pouvoir dormir, réfléchir et déjeuner en paix (invention de l'architecture et des théories) ; augmenter la longévité (invention de la médecine) ; assurer la postérité (invention des sépultures, des monuments, des récits, des livres)… Faire durer le plaisir, la vie, le souvenir, pour éloigner la mort : tel est la source de toute culture. Depuis que l'humain existe, il est donc transhumaniste, car, comme dit Pascal, il y a en l'homme quelque chose qui « passe infiniment l'homme ». À ceci près que (pour moi) ce quelque chose n'est pas Dieu, mais l'homme lui-même, qui ne sait pas rester en place.

Afin d'y parvenir, il y a plusieurs techniques : pour le corps, l'hygiène, l'entraînement, le dopage ; pour l'esprit, l'initiation, l'éducation, l'éveil, la prière, l'art, la transe (aidée, comme pour le dopage, par des substances devenues illicites)… La philosophie même qui est un art de l'augmentation de soi, s'il est vrai, comme dit Spinoza, que « le sage meurt moins que le fou ».

Mais l'augmentation a une limite : le risque de perdre l'humain à trop vouloir le faire durer. Parce que les seules choses qui sont vraiment durables, justement, ce sont les choses... On pourrait donc être tenté de choséifier l'humain pour l'éterniser. C'est ce qu'espèrent sottement les personnes qui se font cryogéniser, prêtes à raccourcir leur vie pour en avoir une plus longue (et même pas éternelle). La culture humaine marche donc sur une ligne de crête étroite, entre une nature qui voue l'humain à la mort et une antinature qui le pousse vers l'inerte. Elle doit donc toujours admettre la fragilité et la fugacité de son existence sans pour autant jamais s'en satisfaire. Cette ligne de crête étroite, elle s'appelle liberté. C'est elle qui rend l'augmentation possible ; c'est elle aussi qui en est le cran d'arrêt. « Il est impossible d'être à la fois une personne et une chose, un propriétaire et une propriété[25] », écrivait Kant.

Comment augmenter l'humain sans diminuer sa liberté ? Telle est la question de la bioéthique.

Voilà pourquoi ses deux sujets les plus brûlants concernent les deux bouts de l'existence : la naissance et la mort. Autrement dit : comment bien naître ?

25. Kant, *Leçons d'éthique*, Livre de poche, 1997, p. 292.

– c'est l'eugénisme – ; et comment bien mourir ? – c'est l'euthanasie. On a perdu l'habitude du sens premier de ces deux mots, mais ils signifient bonne naissance pour le premier (comme le prénom Eugénie, la bien née) et bonne mort pour le second. Avec mauvais esprit, je vais forger le prénom Euthanase qui serait le bon mourant, prenant la suite du bon vivant, mais on a préféré Athanase qui signifie le non-mourant. Hésiode définissait la belle mort par cette formule : « Mourir comme on s'endort quand on tombe de sommeil. » Mais le nazisme est passé par là, donnant et à l'eugénisme et à l'euthanasie une signification diabolique.

Eugénie grandit

L'eugénisme fait frémir. On y voit ce désir de ne garder que les meilleurs en tuant, comme disait Boris Vian, tous les affreux ! Le mot fait frémir, mais la pratique en est commune. On est eugéniste dès qu'on choisit un conjoint pas trop mal foutu pour avoir des enfants plutôt beaux ; dès qu'on décide, avec la contraception, du bon moment pour leur naissance ou qu'on préfère, avec l'avortement, y renoncer ; dès qu'on pratique l'amniocentèse (DPN) pour dépister la trisomie 21 avec une IVG pour conséquence, dans 97% des cas. Et on le sera plus encore quand sera mis en place le DPNI (ou dépistage prénatal non invasif) grâce auquel, en une simple prise de sang, on réalisera un diagnostic génomique complet de l'embryon. Quant au CRISPR CAS 9, il permet déjà de faire du copier/couper/coller avec nos gènes afin non pas seulement d'éliminer les « mauvais embryons », mais de les réparer. J'arrête ici cette énumération, car elle sera très vite dépassée ; et si, cher lecteur, tu relis ce livre dans dix ans, tu constateras toi-même l'ampleur des bouleversements. Comme moi quand j'ai conçu mon premier cours de bioéthique, il y a plus de vingt ans. J'avais beaucoup travaillé, espérant pouvoir le réutiliser chaque année à l'identique ; mauvais calcul ! Il m'a fallu le modifier tous les ans, puis tous les semestres et désormais tous les mois !

Bébés à la carte, conçus par insémination, fécondés *in vitro*, puis placés dans des utérus artificiels avant un « accouchement » qui n'aura plus besoin ni de souffrance maternelle ni d'effroi paternel. Bébés fruits de l'union de deux mamans ou de deux papas, ou encore de deux mamans et d'un papa, voire d'un seul mapan/pama ou même sans papa ni maman du tout. Bébés conçus donc hors sexualité (hors péché, disait-on jadis), issus d'un clonage ou d'une parthénogenèse, procédés on ne peut plus courants dans la nature. Le vieux principe juridique *mater semper certa est* (la mère est toujours certaine) cesse d'être vrai, car ni la gestation, ni l'accouchement, ni l'attachement ne suffisent plus à la désigner avec certitude. Quant au père, je n'en parle même pas ! Toutes ces évolutions fulgurantes dans la manière de procréer sont désormais de l'ordre du réel ou d'un possible très prochain.

En avoir conscience nous permet de regarder d'un peu plus haut nos débats actuels passionnés sur la PMA ou la GPA. Non qu'ils soient insignifiants, mais ils seront très vite dépassés par ces évolutions sidérantes. Nous vivons un bouleversement anthropologique de la génération (naissance), et avec elle de la famille, puisque c'est dorénavant l'enfant, bien plus que le couple, qui fait la famille ; et cet enfant pourra être fabriqué de multiples façons par des parents dont la redéfinition est en cours. Les moratoires éthiques, les interdictions légales, les manifestations de tous et pour tous n'y feront pas grand-chose : le mouvement est irrésistible, mondial et d'une rapidité foudroyante. Il y aura bientôt une pluralité de manières de fabriquer des enfants ; au choix, vintage ou hypertechno ! Et l'on pourra, comme aujourd'hui, soit laisser faire la nature, soit déployer les grands moyens, soit les deux : nature pour le premier garçon, le deuxième garçon, et puis se dire que, quand même, la troisième fois, ce serait bien d'avoir une fille. Alors, hop ! Un petit séjour tout compris dans une clinique (aujourd'hui, par exemple, c'est 7 500 euros à Chypre, côté turc), et l'on reviendra avec la petite dernière dans la boîte. Mais ce scénario optimiste de la coexistence des méthodes ne doit pas masquer celui, bien moins joyeux, d'une « contrainte de perfection », soit avoir des enfants parfaits, sinon rien – et, à la clé, une compétition acharnée entre eux.

Dis, comment on fera les bébés... demain ?

Voici un petit florilège. Le ROPA, ou don de gamète entre deux femmes en couple, fait que la première donne un ovocyte pour réaliser une FIV (Fécondation in vitro) avec un tiers donneur tandis que la seconde porte l'enfant. Depuis 2007, il est possible de reprogrammer des cellules « totipotentes », c'est-à-dire bonnes à tout faire dans un corps humain (cellules dites IPS, situées sous la peau), pour en faire des spermatozoïdes ou des ovules. D'où la possibilité de produire des bébés avec deux papas ou deux mamans. Il est aussi possible d'utiliser dans un même ovule les mitochondries d'une femme et le noyau d'une autre. Ajoutons un zeste du spermatozoïde d'un homme, et on obtient un bébé à deux mamans et un papa ! Le Parlement anglais a donné son accord à cette technique en 2015. La même année, une équipe de biologistes britanniques de Cambridge (Anna Hupalowska et

Magdalena Zernicka-Goetz) est parvenue à cultiver in vitro des embryons humains jusqu'à treize jours. Elles ont choisi d'interrompre leur expérience pour ne pas dépasser la frontière légale de quatorze jours fixée il y a une quarantaine d'années. Cette découverte ouvre la voie de l'ectogenèse ou délocalisation de la grossesse dans une couveuse artificielle. Moins certaine mais plus vertigineuse, la promesse de George Church, brillant généticien d'Harvard, imprégné de culture transhumaniste. Son projet *Human Genome Project-Write* prétend créer d'ici six ans un génome humain entièrement nouveau permettant de générer des cellules humaines. Cette technique pourrait aussi permettre la création d'embryons et donc de bébés sans aucun parent. À suivre…

Quel scénario l'emportera ? Personne ne peut le dire, mais nous pouvons réfléchir, cher lecteur, à la manière d'éviter le pire en préservant le meilleur. Car ce bouleversement contient virtuellement les deux.

« Laisser faire »… la nature, ou la liberté ?

From chance to choice (du hasard au choix) : voilà comment Allen Buchanan, un des plus brillants penseurs du transhumanisme, décrit cette révolution[26].

26. Cambridge University Press, 2000.

Nous allons pouvoir, mais aussi devoir, choisir ; et être donc voués à faire de bons ou de mauvais choix. Même celui qui décidera de « laisser faire la nature » – sexualité classique, puis procréation minimalement assistée – ne pourra plus le faire en toute ignorance de cause : il devra s'en expliquer, y compris auprès de sa progéniture qui pourra lui reprocher de ne l'avoir pas faite plus grande, plus belle, plus forte, plus intelligente. Cette immense liberté représente donc une colossale responsabilité ; écrasante même.

Est-ce forcément une catastrophe annoncée ? Non, car le pire n'est pas du tout certain ; pas plus que le meilleur, ce qui complique l'affaire. D'ailleurs, le sous-titre du livre de Buchanan est *Génétique et Justice*. Il considère en effet que ces techniques permettront d'atténuer les inégalités naturelles comme on a tenté de réduire les inégalités sociales. Pourquoi se priver « d'intervenir, au nom de la justice et de l'égalité des chances dans la loterie naturelle[27] » ? Buchanan lève toutes les objections contre cette promesse d'équité. À ceux qui prophétisent une humanité à deux vitesses et un coût exorbitant pour ces techniques, il répond que, si ces pratiques se développent, leur prix baissera inévitablement comme ce fut le cas pour la voiture,

27. Gilbert Hottois, *Le transhumanisme est-il un humanisme ?*, académie royale de Belgique, 2014.

la machine à laver, le voyage en avion… L'argument de l'intérêt de l'enfant n'est pas plus robuste, car rien ne dit qu'un enfant né d'une FIV, sélectionné par DPNI, couvé dans un utérus artificiel, voire résultat d'un clonage, soit voué à être un monstre, un sous-humain, dénué d'identité, traumatisé à vie, inapte au bonheur. Certes, si ces techniques sont mal maîtrisées, le risque de dégâts irréversibles est important ; certes ! Mais si elles sont *bien* maîtrisées par des sorciers, non apprentis mais confirmés, au nom de quoi devrait-on les proscrire ? Un clone, même triste, ne sera jamais un sous-homme ; il sera tout aussi humain que son archétype ; et il est probable qu'il s'en distinguera assez vite, car la génétique ne fait pas tout… Bref, qu'on soit prudent, voire précautionneux, avec ces techniques est une chose ; qu'on en refuse le principe en est une tout autre.

Nous sommes donc dans une situation scabreuse face à des technologies époustouflantes qui peuvent améliorer l'humain sans pourtant ni le sauver ni le condamner.

Mais au moins l'enjeu est clair : il faut trouver des critères fiables pour distinguer le bon du mauvais usage de ces technologies, afin de s'orienter vers une sereine pluralisation des méthodes de procréation plutôt qu'une course effrénée à l'échalote de la perfection ou de l'éternité.

Euthanase réfléchit

À défaut de supprimer la mort, pouvons-nous au moins en espérer une bonne, comme on l'a fait pour la naissance ? C'est l'autre redoutable question de la bioéthique. Toute sa difficulté vient du fait qu'elle est constamment parasitée par des dimensions qui sont moins éthiques que métaphysiques, comme : la vie est-elle sacrée ? La liberté est-elle absolue ? Questions passionnantes, bien sûr, mais qui relèvent d'un autre registre. Si on les balaie, on se retrouve avec une question très simple : nuit-on davantage à autrui en le laissant vivre ou en le faisant (ou laissant) mourir ? Dans des conditions normales, la réponse va de soi : il est toujours préférable de laisser vivre ! Mais, dans certaines circonstances – maladie incurable, terribles souffrances, coma profond –, la question se pose. Ce qui montre qu'il n'existe aucune solution de principe à ce problème, car tout dépend justement de l'examen des circonstances.

C'est ce que ne voient pas et même refusent de voir les adeptes du « droit de mourir dans la dignité » et les opposants à l'euthanasie.

Les premiers font un usage très fâcheux du terme dignité, suggérant qu'une personne très malade, très dépendante, peut-être inconsciente, serait devenue « indigne »… Mais indigne de quoi au juste ? De vivre ?

Cette horrible intention n'est sans doute pas la leur, mais c'est pourtant la conséquence inévitable d'une formule qui renvoie à cette idée contestable : seule la vie en bonne santé, en pleine conscience et sans souffrance serait « digne ». D'où les questions suivantes : quel niveau de santé ? Quel niveau de conscience ? Quel niveau de souffrance ? Et je me demande, inquiet comme toi, cher lecteur, si je suis digne de tout cela… Jadis, mourir dignement, c'était finir en lion, à la guerre et dans la gloire ; aujourd'hui, serait-ce juste éviter de devenir un indigne « légume » ?

À l'inverse, tous ceux qui entendent « laisser faire la nature » ou « respecter la décision de Dieu » en attendant avec fatalisme que la mort fasse son office doivent d'urgence cesser d'aller aux urgences, renoncer à la médecine et vider leur pharmacie. Cela fait belle lurette que la mort ni la vie n'ont plus grand-chose de naturel… La mort a cessé d'être toujours une fatalité. Et comme la procréation, elle est souvent, sauf accident, « médicalement assistée ».

Entre la promotion de l'« ultime liberté » et l'interdiction absolue de l'euthanasie, il y a un très vaste champ occupé, certes par la loi, mais surtout par l'attention à l'autre.

En France, la loi autorise non le « faire mourir », mais le « laisser mourir », au moyen d'une sédation forte, dont le décès est la conséquence. La distinction est subtile, mais cruciale, dès lors que l'intention du patient ne peut plus être exprimée (euthanasie non volontaire). Et même quand cette intention est formulée, il faut la considérer avec précaution. Car tout le monde, je crois, a un jour ou l'autre puissamment pensé que la vie ne méritait pas ou plus d'être vécue ; et beaucoup ont aussi changé d'avis. Le suicidaire lui-même, parfois, renonce à passer à l'acte. Bien sûr, d'autres vont jusqu'au bout. Et parmi eux, il y a des jeunes, mais aussi beaucoup de vieux. Ce qui se remarque moins, car, contrairement aux jeunes, le suicide ne se situe pas, chez les personnes âgées, parmi les premières causes de mortalité.

Le dilemme est donc terrible entre le respect de la volonté d'une personne en détresse et l'effort pour tenter d'atténuer cette détresse. Bref, entre la mort et l'accompagnement, ou ce qu'on appelle les soins palliatifs. Qui peut dire, en conscience et dans l'absolu, ce qui est préférable ? La loi, dans sa généralité, ne peut régler des situations toujours singulières. Elle doit seulement fournir un cadre permettant d'éviter les plus potentiellement scandaleuses. Lesquelles ?

D'un côté, « l'ange de la mort » qui sait mieux que quiconque ce qu'est une vie digne et qui décide, « courageusement et de manière altruiste », d'abréger les souffrances de son prochain. Ou « le bureaucrate zélé » qui préfère libérer une place dans sa structure plutôt que de poursuivre, ou enclencher, un traitement lourd et couteux.

De l'autre, « l'acharnement thérapeutique » qui maintient dans une vie artificielle un patient, dont on quête la petite veilleuse de conscience sans savoir si elle est toujours allumée ou éteinte à tout jamais.

Il n'y a pas et il n'y aura jamais de bonne décision en la matière, mais on peut éviter les pires. Et c'est ce à quoi servent, dans les hôpitaux, les comités d'éthique. Réunissant les professionnels de santé (médecins, infirmières, aides-soignants), des représentants des familles, des juristes, des philosophes, des associations, ils mettent en œuvre l'éthique de la discussion en tentant de produire un consensus. Bien que consultatifs, ils visent la décision, ce qui évite les effets de manche et les postures. Cette méthode collégiale permet d'éviter à la fois les dérives solitaires des « anges de la mort », les dérives des bureaucrates zélés et les aberrations de « l'acharnement thérapeutique » ; mais, pour qu'elle fonctionne bien, il faut admettre qu'elle n'est jamais infaillible. Grande modestie, donc !

La bioéthique, c'est une méthode

Eugénisme et euthanasie soufflent le chaud et l'effroi dans la morale. Face à ces questions, l'éthique de la discussion peut sembler décevante, car elle n'apporte pas de réponses absolues, mais elle est certainement plus efficace que l'éthique de la peur, qui durcit les clivages en les rendant passionnels. Alors que la seconde ouvre un combat, la première offre une méthode.

Cette méthode n'a rien d'original : c'est celle ancestrale de la *délibération*, soit l'examen avant et pour la décision. Aristote en a donné une définition magistrale dont il faut rappeler les trois piliers.

1) D'abord, qu'elle soit individuelle ou collective, la délibération est l'organisation du désaccord. C'est évident quand on échange à plusieurs, mais c'est aussi le cas quand on réfléchit tout seul. Aristote utilise d'ailleurs le terme *bouleusis*, tiré de *Boulè*, qui désignait dans la démocratie athénienne l'instance de cinq cents membres chargée de préparer les décisions de l'Assemblée du peuple (*Ekklesia*). C'est une manière de dire que quand on délibère, même seul, notre esprit devient un petit parlement – les Romains diront un « *forum* (*fors*) intérieur » – où l'on doit s'efforcer de penser contre soi. L'idée est essentielle : penser, c'est certes penser par soi-même

et, parfois, avec les autres, mais c'est d'abord penser contre soi et/ou contre les autres. Nulle pensée sans altérité ; aucune idée sans désaccord.

2) Aristote remarque ensuite que nous ne délibérons que « sur les choses qui dépendent de nous et que nous pouvons réaliser[28] ». Ce qui veut dire que la délibération porte sur l'*action* possible et future. Elle n'est donc pas un pur jeu de l'esprit, un débat gratuit ou une démonstration théorique, elle vise à conseiller ou à déconseiller, à exhorter ou à dissuader de *faire* quelque chose. La délibération tend à éclairer une décision à prendre dans une situation d'incertitude après l'examen attentif des circonstances.

3) Enfin, note Aristote, la délibération ne porte pas sur les finalités de l'action, mais sur les moyens de les atteindre. Un médecin ne se demande pas s'il doit guérir son malade ou un général s'il doit gagner la bataille, mais comment y parvenir. Traduit en langage éthique cela donne donc : comment éviter la nuisance ? Comment réduire l'indifférence ? Comment atteindre la bienfaisance ? Toutes les morales convergent ici sans exception. Là où elles se séparent, parfois, c'est sur les fins, parce que, contrairement à ce que pensait Aristote, elles ne sont pas « inscrites dans la nature ».

28. *Éthique à Nicomaque*, III, 5.

C'est cette absence d'accord sur les fins qui fait qu'on peut parfois délibérer… sans fin !

5) Perdre l'esprit : l'éthique de l'IA

Le calcul rénal et le calcul mental ont un point commun : ce sont des cailloux qui font souffrir. Le premier dans le canal urinaire ; le second, disons, dans le canal historique – parce qu'on apprenait jadis à compter en alignant des petits cailloux. Mais ça, c'était avant. Depuis, la médecine, d'une part, et la machine, de l'autre, nous ont ôté la peine du calcul[29]. S'il est difficile de regretter le premier, certains ont parfois la nostalgie du second. Notamment ceux qui, comme Hobbes, estiment que « penser, c'est calculer ». Pour d'autres, plus optimistes, cela nous promet des machines de plus en plus « pensantes ». C'est ce qu'on appelle aujourd'hui « l'Intelligence artificielle ». Le terme date des années 1950 – il fut conçu pour engranger des subventions –, mais l'idée est beaucoup plus ancienne. Elle repose sur deux piliers : 1) on peut réduire la pensée humaine (dans toutes ses dimensions) à un certain nombre d'opérations ; 2) ces opérations sont reproductibles par et dans une machine.

29. Non, cher lecteur, ne cherche pas : ce n'est pas une contrepèterie… mais en voici une belle : « On n'est jamais très fort pour ce calcul » (spéciale dédicace à Alain Boyer).

Deux éléments récents ont contribué à donner corps à ce projet, déjà énoncé au siècle des Lumières. Il y a d'abord l'augmentation phénoménale de la puissance des ordinateurs. C'est une révolution que l'on vit au quotidien, notamment quand on s'aperçoit que notre ordinateur « vieux » de deux ans commence à ramer. Il ne s'agit pas d'obsolescence programmée, mais d'une course effrénée, formulée, dès 1964, par Gordon Moore, le fondateur d'Intel : la puissance des processeurs augmente selon une courbe exponentielle, en doublant tous les dix-huit mois. Je me souviens d'avoir visité – je devais avoir une dizaine d'années – le calculateur d'un observatoire astronomique : il occupait tout un immeuble. J'en étais ressorti les poches remplies de bandes de papier perforées avec lesquelles j'avais joué longtemps à une sorte de *Star Trek*. Inutile de rappeler que le moindre de nos Smartphones est aujourd'hui beaucoup plus puissant que ce calculateur de mon enfance préhistorique.

La seconde révolution qui a permis l'avènement de l'IA est le tsunami des grosses données (Big Data) alimenté, chaque jour davantage, par l'Internet des objets. Il se goinfre de toutes ces traces que, tel un marcheur sur une plage, nous laissons derrière nous. Imaginons, d'ailleurs, qu'un vieux (ou une vieille) pervers(e) nous suive et s'attache à récupérer scrupuleusement nos empreintes de pas, d'autant plus précieuses qu'il (elle) peut apprendre, grâce à elles, plein de choses sur nous. Nous nous retournons et, furieux, réclamons nos traces ! Évidemment, il (elle) nous rit au nez, nous faisant remarquer que ces traces n'ont pour nous aucune valeur, qu'elles ne nous appartiennent pas plus que le sable de la plage et qu'il (elle) peut donc en disposer à sa guise… Aujourd'hui, la valeur financière cumulée des Big Data dépasse l'entendement…

Au total, nous avons donc des moulins toujours plus performants avec toujours plus de grains à moudre… et voilà l'IA qui s'emballe ! Ce qui suscite à la fois des interrogations et des inquiétudes, donc *ipso facto* un besoin panique d'éthique.

Mais, comme souvent, la peur commence avec l'incertitude. Et s'il y a une notion incertaine, c'est bien celle de l'Intelligence artificielle.

Avec mes amis du Collège de philosophie, nous avions organisé en 2002, dans le cadre de notre grande enquête sur la philosophie contemporaine, une série d'entretiens passionnants avec le philosophie américain John Searle[30] (né en 1932). C'est lui qui, le premier, avait posé une différence entre une IA faible et une IA forte.

---

30. Une partie de cet échange a été publiée sous le titre *Liberté et Neurobiologie*, Grasset « Nouveau Collège de philosophie », 2004.

L'IA faible se contente de simuler l'intelligence humaine dans des domaines très spécifiques où elle peut être plus performante que celle-ci (par exemple, un moteur de recherche). L'IA forte serait une machine pensante qui, non seulement calculerait tout plus vite que les humains, mais disposerait en outre de tout ce qui semble être le propre de l'esprit, à savoir la conscience de soi, le ressenti des émotions, l'intentionnalité et la réflexivité.

Tout récemment, en juillet 2020, un programme IA très performant, intitulé Generative Pre-trained Transformer 3[31] (GPT-3), mis au point par OpenAI (créé en 2015 par Elon Musk), se targue de générer un texte cohérent sur n'importe quel sujet. Demandez-lui comment organiser un conseil d'administration, il vous fera une note parfaite nourrie d'illustrations. Demandez-lui d'écrire une nouvelle en lui fournissant un titre et un auteur : il imitera votre écrivain favori de manière bluffante. Malgré ces performances, il reste quelques défauts. Par exemple, GPT-3 n'aime guère les questions farfelues ; il répond que, pour lui, le soleil ou l'herbe ont un seul œil, contrairement à la girafe qui en a deux ! Plus grave, sans filtre, il ne

31. https://siecledigital.fr/2020/07/21/gpt-3-limpressionnant-modele-de-traitement-du-langage-naturel-dopenai/ &https://www.wired.com/story/ai-text-generator-gpt-3-learning-language-fitfully/

voit pas d'inconvénients à tenir des propos racistes, haineux, voire complotistes… Cela vient du fait que le programme a ingurgité des milliards de textes, présents ici ou là, sans faire de tri en fonction de la véracité ou de la moralité. Il se contente de les recomposer dans une logique associative certes très poussée, mais qui, pour les pontes de l'IA, reste assez primaire. Pourtant, quand on l'interroge sur ses propres compétences, voici ce que GPT-3 répond : « Je n'ai pas conscience de ma propre existence. Je ne peux pas ressentir de douleur. Je ne m'amuse de rien. Je suis une machine froide, calculatrice, imaginée pour simuler une réponse humaine et pour prédire la probabilité de certaines réalisations. Je réponds ici uniquement pour défendre mon honneur. » Si cette réponse n'est pas une ruse sournoise d'une intelligence supérieure, cela signifie que nous restons ici dans le domaine de l'IA faible. Ce qui permet d'identifier plusieurs niveaux dans l'IA.

À l'échelon inférieur, il y a tout ce qui s'apparente à une calculette « gonflée aux stéroïdes », comme dit Didier Alexandre, c'est-à-dire un algorithme programmé pour faire des tâches précises. Pour avoir un ordre de grandeur : personnellement, en me concentrant beaucoup, je dois réussir à faire une petite dizaine d'opérations mathématiques par minute ; en 2017, la machine la plus performante faisait cent millions de milliards d'opérations par seconde. À l'échelon moyen intervient l'apprentissage profond (*deep learning*) par lequel c'est la machine elle-même qui se charge d'apprendre à apprendre : elle produit au-delà de ce qui est programmé en mettant en place des procédures d'essai/erreur. L'échelon supérieur de l'IA faible est assez paradoxal, c'est la quête, en plus de la puissance de calcul et de l'apprentissage non supervisé, du bon sens, d'une vision générale du monde et d'une polyvalence dans les tâches. Par exemple, une phrase du type « Paul a réconforté Pierre car il était énervé » est un vrai défi pour l'IA (qui est énervé ?) alors que son sens est d'emblée clair pour nous. De même, une IA surentraînée pour gagner aux échecs sera incapable de jouer à la belotte. Ce qui est très dommage. Autre défi, une IA de reconnaissance faciale est plus facile à mettre en œuvre qu'une IA d'interprétation comportementale. Imaginons une ville, quadrillée par des caméras de surveillance, quel service prévenir quand quelqu'un tombe ? Situation 1, c'est une sortie d'école, des enfants chahutent et se font des croche-pieds : aucun danger. Situation 2, sur le tournage d'un film, un cascadeur fait une chute impressionnante : aucun danger. Situation 3, une personne marche dans la rue et fait un malaise cardiaque : danger ! C'est là et là seulement qu'il faut prévenir les urgences.

C'est le rêve ultime de l'IA faible : une puissance de calcul phénoménale, une rapidité d'analyse des données stupéfiante, mais un gros bon sens paysan et le talent des concierges des grands hôtels, capables de répondre à toutes les demandes de leurs richissimes clients, surtout les plus incongrues.

Au-delà de cette limite, nous entrons dans un autre monde. Celui de l'IA forte. Elle relève encore du rêve ou du cauchemar, peut-être de l'illusion. Ce n'est pas ce que pense David Chalmers, philosophe australien, professeur à l'université de New York : « Un ver de terre, dit-il, qui ne possède que 302 neurones est conscient, donc je n'exclus pas qu'un programme GPT-3 avec ses 175 milliards de paramètres soit un jour conscient[32]. » C'est là ce qu'on pourrait appeler le « pari de Hobbes » : si penser, c'est calculer, alors, à force de calculer, on finira bien par penser. La quantité (de calcul) produira de la qualité (de pensée), ce qui veut dire aussi conscience de soi, émotions, réflexion… donc esprit « humain ». Cette IA passera (en 2030, nous promet-on) le fameux test de Turing qui consiste à faire dialoguer une machine avec des humains sans que ceux-ci parviennent à l'identifier

32. *Financial Times*, 9 août 2020.

comme telle[33]. Elle ne simulera plus l'intelligence humaine, elle en aura toutes les caractéristiques profondes. Mais comme elle sera plus performante, il est probable qu'elle sera tentée de soumettre ou d'éliminer ces esprits faibles que nous sommes, sauf si la compassion lui était aussi révélée. C'est vrai, après tout, pourquoi cette IA forte ne serait-elle pas aussi moralement forte ?

C'est, d'ailleurs, une des objections possibles sur l'intérêt de cette super IA. En général, l'émotion (pitié, peur, affection, désir…) est plutôt un obstacle au calcul. Du coup, une IA forte pourrait être sujette, par exemple, au stress qui la tétaniserait tout autant qu'un étudiant passant un examen. La qualité émotionnelle de sa pensée réduirait sa capacité de calcul. Imaginons une partie d'échec entre l'arrière-petit-fils de Kasparov et l'ultime génération de

33. Turing pensait qu'en l'an 2000, ce serait chose faite. Le 6 septembre 2011 à Guwahati en Inde, trente juges discutèrent pendant quatre minutes avec des interlocuteurs inconnus. Parmi eux, le programme Cleverbot créé par le britannique Rollo Carpenter. Les juges et le public estimèrent (à 59,3 %) que Cleverbot était humain. Mais une plus forte majorité encore (63,3 %) prit les humains pour des machines. En 2018, les ingénieurs de Google ont réalisé une conversation de plusieurs minutes (www.youtube.com/watch?v=D5VN56jQMWM). Le test complet de Turing est plus exigeant, puisqu'il n'indique aucune limite de temps. Ce sont les juges eux-mêmes qui décident d'arrêter l'expérience.

Deep Blue. Les deux s'affrontent dans une partie homérique, mais à un coup de la victoire Deep Blue 92.2 perçoit la détresse de son adversaire. Émue aux larmes numériques, la machine décide de lui faire grâce et renverse son roi pour lui offrir un match nul ! Ils se marièrent et eurent beaucoup de petits pions.

Certains pensent pourtant que le processus enclenché avec l'IA ne dépend déjà plus de nous ou de la considération de notre intérêt. De même qu'il n'est plus possible de débrancher Internet, beaucoup considèrent qu'aura lieu, d'ici trente ans, l'avènement d'une Super-Intelligence et, avec elle, la fin de l'humanité. La Créature conçue par l'apprenti sorcier serait d'ores et déjà dans une gestation irréversible [34].

À voir… Il y a de bonnes raisons d'être sceptique sur cet avènement que, pour le moment, rien n'atteste sérieusement. Ceux qui y croient le font avec une ferveur mystique ou une angoisse quasi religieuse. Ils attendent comme le messie ou redoutent comme le diable ce qu'ils nomment « la Singularité », fusion de l'intelligence biologique et non biologique dans un grand Tout immortel et universel, un *Homo Deus*, pour reprendre la formule à succès de Noah Harari.

---

34. Voir l'appel signé par quatre scientifiques éminents, Stephen Hawking, Stuart Russel, Max Tegmark et Frank Wilczek, paru le 1er mai 2014 dans *The Independant*. L'IA est notre « plus grande menace existentielle ».

Mais parmi les spécialistes les plus créatifs, beaucoup, tel le Français Yann LeCun, considèrent le scénario comme délirant. Il repose sur une conception strictement matérialiste de l'esprit que l'on peut tout aussi peu démontrer que son inverse, de type idéaliste. Car on peut mettre beaucoup de pensées dans une machine sans pour autant que cette machine ne soit pensante. Il s'agit là d'un débat métaphysique et non d'une querelle scientifique, encore moins éthique[35].

Il y a tout de même un grave inconvénient à laisser penser que l'IA forte est notre destin inexorable. Là encore, cela revient à faire régner la peur sur l'éthique et à bloquer les débats. Luc Julia[36], un des inventeurs du système de commande d'Apple Siri, préfère parler « d'Intelligence augmentée », signifiant ainsi qu'il s'agit plutôt d'une assistance pour certaines tâches que d'un remplacement. Au demeurant, le coût énergétique d'un tel « remplacement » serait probablement démesuré. Alors qu'il suffit d'un peu de lait et de beaucoup d'amour pour faire marcher le cerveau d'un bébé, une IA forte serait tellement vorace qu'on peut douter qu'une planète, voire une galaxie, suffise à la rassasier.

---

35. Voir à ce sujet Jean-Gabriel Ganascia, *Le Mythe de la Singularité – Faut-il craindre l'intelligence artificielle*, Le Seuil, 2017.
36. *L'Intelligence artificielle n'existe pas*, First Éditions, 2019.

Il ne faudrait donc pas que ce scénario qui relève encore de la science-fiction nous empêche de voir les questions tout à fait réelles que posent, d'ores et déjà, l'IA faible. Elles concernent, entre autres, la reconnaissance faciale, y compris le repérage des émotions, les véhicules autonomes, la production de textes, par exemple la rédaction d'un article de journal à partir de dépêches d'agence ou d'un commentaire d'arrêt à partir de la jurisprudence, la création d'images, la traduction, le diagnostic médical, les jeux, la détermination de profils compatibles pour les sites de rencontres…

Dans tous ces domaines, le vrai risque n'est pas tant que l'IA fonctionne trop bien (au point de détrôner les humains), mais qu'elle dysfonctionne, car, dénuée de bon sens et de moralité, elle peut faire des erreurs très dommageables. Ainsi la voiture autonome d'UBER qui a tué une passante en 2018 dans l'Arizona ne s'est pas révoltée contre les humains comme le HAL de *L'Odyssée de l'espace*, elle a juste cru que la passante était un carton poussé par le vent. Comme c'est bête pour une intelligence ! Mais la faute n'en revient qu'à ses concepteurs ou à ceux qui lui font une confiance aveugle.

C'est là que se situe la véritable, et peut-être la seule question éthique, au sein de cet ensemble d'innovations qu'est l'IA : où se niche la décision ? À quel moment pourra-t-on identifier une once de responsabilité dans l'Intelligence artificielle, et donc de moralité ? Ce problème n'a, à vrai dire, rien de neuf : il nourrit toutes les critiques qui ont été adressées à la Technique moderne comme univers de l'automatisme et des *process*. La Technique, en ce sens, c'est quand on ne réfléchit qu'aux moyens sans plus penser aux fins. C'est le règne de la « raison instrumentale », qui oublie le « pour quoi faire » au profit du seul « comment faire ».

Son incarnation la plus claire est la bureaucratie. Tu sais, cher lecteur ? Cette danse infernale qui te balade du bureau X au bureau Z. Le premier vous demande le formulaire que seul le second est à même de vous fournir. Et bien sûr, pour avoir ce formulaire, il vous faut un formulaire uniquement délivré par le premier bureau. Multipliez les bureaux et vous aurez le bourreau bureaucratique. Telle la crainte à l'égard de l'IA : où se situe la frontière entre celle qui facilite ma vie et celle qui va la diriger ? Entre celle qui l'améliore et celle qui l'abrutit ? Comment distinguer les données que je donne pour moi (dans mon intérêt ou pour mon projet) de celles qui pourraient se retourner contre moi ? Est-ce que, à force de lui déléguer les décisions que je dois prendre, je ne vais pas finir par renoncer à ma liberté de décider ?

Bref, l'IA installe-t-elle le despotisme doux dont parlait Tocqueville dans ce passage aussi sublime que prophétique ?

« Je vois une foule innombrable d'hommes semblables et égaux qui tournent sans repos sur eux-mêmes pour se procurer de petits et vulgaires plaisirs, dont ils emplissent leur âme. Chacun d'eux, retiré à l'écart, est comme étranger à la destinée de tous les autres : ses enfants et ses amis particuliers forment pour lui toute l'espèce humaine ; quant au demeurant de ses concitoyens, il est à côté d'eux, mais il ne les voit pas ; il les touche et ne les sent point ; il n'existe qu'en lui-même et pour lui seul, et, s'il lui reste encore une famille, on peut dire du moins qu'il n'a plus de patrie.

Au-dessus de ceux-là s'élève un pouvoir immense et tutélaire, qui se charge seul d'assurer leur jouissance et de veiller sur leur sort. Il est absolu, détaillé, régulier, prévoyant et doux. Il ressemblerait à la puissance paternelle si, comme elle, il avait pour objet de préparer les hommes à l'âge viril ; mais il ne cherche, au contraire, qu'à les fixer irrévocablement dans l'enfance ; il aime que les citoyens se réjouissent, pourvu qu'ils ne songent qu'à se réjouir. Il travaille volontiers à leur bonheur ; mais il veut en être l'unique agent et le seul arbitre ; il pourvoit à leur sécurité, prévoit et assure leurs besoins, facilite leurs plaisirs, conduit leurs principales affaires, dirige leur industrie, règle leurs successions, divise leurs héritages ; que ne peut-il leur ôter entièrement le trouble de penser et la peine de vivre ?

C'est ainsi que tous les jours il rend moins utile et plus rare l'emploi du libre arbitre ; qu'il renferme l'action de la volonté dans un plus petit espace, et dérobe peu à peu à chaque citoyen jusqu'à l'usage de lui-même. L'égalité a préparé les hommes à toutes ces choses : elle les a disposés à les souffrir et souvent même à les regarder comme un bienfait.

Après avoir ainsi tour à tour dans ses puissantes mains chaque individu, et l'avoir pétri à sa guise, le souverain étend ses bras sur la société tout entière ; il en couvre la surface d'un réseau de petites règles compliquées, minutieuses et uniformes, à travers lesquelles les esprits les plus originaux et les âmes les plus vigoureuses ne sauraient se faire jour pour dépasser la foule ; il ne brise pas les volontés, mais il les amollit, les plie et les dirige ; il force rarement d'agir, mais il s'oppose sans cesse à ce qu'on agisse ; il ne détruit point, il empêche de naître ; il ne tyrannise point, il gêne, il comprime, il énerve, il éteint, il hébète, et il réduit enfin chaque nation à n'être plus qu'un troupeau d'animaux timides et industrieux, dont le gouvernement est le berger[37]. »

37. *De la Démocratie en Amérique* (1840) II, 4, chap. VI.

Ce texte a cent quatre-vingts ans : il n'est pas seulement magnifique, il a le mérite de tenir en éveil notre vigilance d'humain libre. Mais il nous montre aussi que cette prévision ne s'est toujours pas réalisée. Je comprends que les esprits libres et libéraux puissent être inquiets de voir certains secteurs de notre existence se rapprocher du scénario dessiné par Tocqueville. Mais je note aussi que les forces du refus sont innombrables et que l'hostilité à ce despotisme fait partie désormais des lieux communs les plus partagés. Elle a même pignon sur média au point d'être devenue le discours intellectuel dominant : l'IA, c'est très dangereux, aimons-nous à proclamer – si les gens savaient ! – juste avant de nous replonger dans notre Smartphone qui en est bourré ! C'est une posture qui frise l'imposture.

Aussi, comme pour le voyage dans l'éthique de l'environnement et dans la bioéthique, il faut, cher lecteur, décliner l'offre, pourtant tentante, de la *Business Class* comme de la *First Class*. En *Business Class*, c'est l'optimisme béat : tout ce qui est possible doit être fait, car c'est le progrès, et en plus ça rapporte. En *First Class*, c'est encore mieux : pessimisme total ! Le comble du chic ! Car, en se répétant « qu'on va dans le mur, que tout est foutu, que c'est tout le système qu'il faut changer », on va très bien dormir, rasséréné sur sa propre valeur au regard de la laideur du monde et de la bêtise des « gens » (c'est-à-dire les abrutis, les autres). Restons donc sagement en classe *éco* sur ces sujets : il va falloir dormir assis – donc ni couché devant le progrès ni debout comme les histoires du même nom –, avec des voisins qui ne pensent pas comme nous. Bref, il va falloir faire avec le réel compliqué et se débrouiller avec ce seul critère : à partir de quand une technologie d'intelligence augmentée cesse-t-elle de faire grandir l'homme pour l'asservir et le réifier ? Nulle réponse *a priori* définitive ni globale à cette question, mais, personnellement, pour rien au monde je ne renoncerai aux réalisations extraordinaires de l'IA pour des fantasmes vendus par les professionnels du cauchemar. Là non plus la peur ne doit pas gagner. L'IA, c'est d'abord de l'Intelligence *humaine* augmentée. Cela ne m'empêche nullement, tout comme toi, cher lecteur, d'être attentif à ses dérives possibles, car l'histoire a montré, à maintes reprises, que l'intelligence des hommes pouvait, elle aussi, être inhumaine.

III- QUI EST AUTRUI ?

Adam est un jeune homme plein d'enthousiasme, un peu exalté, mais passionné par les idées, surtout les grandes, et concerné par toutes les causes, surtout perdues. Sa mère, juge, l'a initié très tôt au devoir de justice ; son père, avocat, lui a montré tous les ravages de l'injustice. Adolescent, il constate que les droits de l'homme sont loin d'être respectés partout dans le monde : que ceux des ex-colonisés, des femmes, des enfants, des handicapés, des homosexuels, des transgenres, sont, en dépit des progrès apparents, toujours en chantier. Il s'engage donc dans d'innombrables associations, participe à une foultitude de manifestations. Mais la rencontre d'Églantine, fille de vétérinaires, lui cause un choc : au détour d'une conversation, elle lui révèle que les humains ne sont pas seuls à souffrir. Adam s'aperçoit avec horreur que, dans son désir de justice, il avait été bien timoré. Le bien-être animal devient son nouvel idéal. Il s'engage, avec une certaine férocité, dans le combat contre le spécisme, l'équivalent du racisme, mais entre les espèces vivantes. Ses parents sont inquiets, non seulement parce qu'il néglige ses études, mais surtout parce que son militantisme lui fait franchir, à plusieurs reprises, les frontières de la légalité.

Sûr de la justesse de sa cause, il vandalise un abattoir, incendie une boucherie et va même jusqu'à participer à la libération des huîtres dans un parc ostréicole breton (afin de leur éviter l'horrible génocide annuel au jus de citron). Son quotidien se nourrit désormais de cette lutte qui donne sens à toute sa vie.

Mais un jour, au détour d'une action militante, alors qu'il hurle devant une boucherie « À bas les spécistes ! », une jeune fille – assez jolie – lui lance, avec un regard empli de haine, cette mystérieuse insulte : « Espèce de pathocentriste ! » Un peu à l'écart, il consulte Internet et lit : « Le pathocentrisme consiste à mettre la souffrance au centre. » C'est pour lui une terrible révélation : il croyait avoir tout juste en luttant contre la souffrance quelle qu'elle soit, physique ou psychique, humaine ou animale, mais que dire de la condition des plantes, des êtres vivants en général qui, sans souffrir, contribuent de manière essentielle à l'harmonie cosmique ? Sans eux, nulle vie ne serait ni possible ni pensable. Eux aussi méritent d'être défendus de manière active. Mais quelle tâche ! Car, en la matière, les militants sont rares ; tout est à construire. Adam ne s'effraie pas ! Bien au contraire, il est enthousiaste, bouleversé, transporté : là, enfin, il a le sentiment d'être à l'avant-garde de la justice. C'est décidé : il sera, à trente-cinq ans, le Lénine de la fougère, le Che Guevara des algues, le Robin… des bois !

Désormais les humains lui répugnent, les animaux l'ennuient, les militants le fatiguent. Il s'installe dans une petite masure, perdue dans les forêts de Haute-Ardèche, avec juste le plus strict nécessaire : un joli poêle en fonte et une connexion Internet HD. Il y cultive son jardin, rendant grâce tous les matins aux plantes qu'il consommera certes, mais à qui il redonnera, très scrupuleusement, tout ce qui leur revient après digestion. Il consacre tout son temps à élaborer son programme d'action : comment défendre le végétal ? Comment lui redonner sa dignité ? Faut-il promouvoir l'individu vivant en particulier (qu'il soit animal ou végétal) ou la vie en général telle qu'elle s'harmonise dans des écosystèmes ? Cinq ans passent en intenses réflexions et lectures… jusqu'au soir où il tombe sur un vieil article d'un philosophe américain : « Les Rochers ont-ils des droits[38] *? »*

Une grande lassitude le prend alors : tout ceci serait-il sans fin ?

Après la défense des rochers et des minéraux, faudra-t-il protéger toute chose en général ; absolument tout ce qui existe. Mais que dire alors de tout ce qui n'existe pas

---

38. Roderick Nash, *Do Rocks Have Rights ? – Thoughts on Environmental Ethics*, Columbia University Press, 1977. « Si vient un jour l'époque où cette conception n'apparaîtra plus comme ridicule pour un grand nombre d'entre nous, nous serons alors sur la voie d'un changement de système de valeurs qui rendra peut-être possibles des décisions permettant d'en finir avec la crise écologique. Souhaitons qu'il soit encore temps. » Cité par Luc Ferry, *Le Nouvel Ordre écologique*, Grasset, 1992.

vraiment ? Pourquoi les rêves, les erreurs, les mensonges, les fantasmes n'auraient-ils aucun droit ? Combien d'erreurs ont-elles été effacées des tableaux noirs de nos écoles : génocide des fautes de raisonnement ? Combien de sublimes rêves ont-ils été oubliés au réveil ? Combien de fantasmes furent-ils réprimés par l'ordre moral ? Sans même parler des mensonges que l'on a forcés à avouer ! N'y aurait-il pas un droit des illusions à disposer d'elles-mêmes ?

Plus grave encore : tous les jours, sans autre forme de procès, on accuse réception ; on condamne des toilettes dès qu'elles sont tentées de fuir ; on pend des crémaillères et on exécute des ordres ; il arrive même qu'on torde le cou à des préjugés… Ah ! infinie cruauté du monde !

À ce moment-là une grosse rafale de vent vient ouvrir brutalement la fenêtre de sa petite masure. Dehors, le matin pointe, il fait beau, la nature est magnifique, le printemps s'annonce sur les monts ardéchois, les premières abeilles osent une timide sortie.

Adam se leva ; il sortit, ferma la porte à clé ; prit son vélo pour rejoindre Aubenas, puis le bus jusqu'à la gare de Montélimar. Trois heures de TGV… À 18 heures, il était en bas de l'appartement d'Églantine.

Il lui apportait cette pensée : sans injustice, la vie n'a aucune saveur…

* * *

1) To be or not to be… autrui

Qui est autrui ? Qui mérite d'être l'objet de mon attention, de ma considération, de ma bienveillance ? Et surtout qui est l'autre sujet *moral*, puisqu'il va de soi (pour moi) que je le suis ! La question est abyssale, car elle en entraîne une infinité d'autres…

Cet autrui est-il seulement de ma famille, de mon village, de mon canton, de ma région, de ma nation, de ma race… ou s'agit-il de tous les autres humains ? Mais est-ce l'humanité actuelle ou a-t-on aussi certains devoirs envers ceux qui ne sont plus (les morts) et ceux qui ne sont pas encore (les générations futures) ? Et qu'en est-il des non-humains ? Faut-il intégrer les animaux, les végétaux, les minéraux, les robots ? Et si nous rencontrons un jour des extra-terrestres, quels seront nos critères pour les désigner ou pas comme des intra-éthiques ? Quand commence un autrui ? À partir de combien de semaines d'aménorrhée le devient-il ? Quand finit-il ? Est-ce lorsque son souffle est éteint, que son cœur ne bat plus, que sa conscience a disparu, que son activité cérébrale a cessé ?

Qui est autrui ? Cette question terrifiante de simplicité a été formulée pour la première fois, autant qu'on sache, dans les Évangiles (Luc, 10-25-

37). Jésus discute avec un légiste qui, cherchant à le piéger, lui pose cette redoutable question : « Tu dis “aime ton prochain comme toi-même”. Mais qui est ton prochain ? »

Pour lui répondre, Jésus raconte cette histoire : un homme qui descend de Jérusalem à Jéricho est attaqué par une bande de brigands qui le laissent pour mort après l'avoir dévalisé. Un prêtre passe par là. Il détourne son regard et continue son chemin. Un lévite fait de même. Arrive un Samaritain (considéré à l'époque comme la lie de l'humanité) qui se penche sur lui, le soigne, le conduit dans une auberge et donne de l'argent à l'aubergiste pour le soigner. Et Jésus demande au légiste : « À ton avis, qui est le prochain de l'homme tombé aux mains des brigands ? » Et le légiste répond, obligé : « C'est le Samaritain, celui qu'on croyait le plus lointain. » L'amour du prochain n'est pas réservé aux membres de la communauté, il s'étend à tous les Gentils, voire à l'humanité tout entière.

La démocratie des droits de l'homme n'a fait que reprendre cette sublime leçon. Tous les hommes sont dignes d'être autrui ; quels que soient leur sexe, leur âge, leur origine, leur statut social, leur richesse, leur éducation... Tous sans exception sont dignes d'être concernés par les maximes.

Le plus surprenant est que cette petite histoire, assez banale, soit devenue le trait le plus saillant pour définir une civilisation, notre civilisation : celle de la démocratie qui, à tous, reconnaît le rang de personne, voire de grande personne. Dans toutes les autres civilisations, y compris les plus grandes, la qualité « d'autrui », la dignité d'être moral de plein exercice, est réservé à une infime minorité : au cercle étroit de la famille, du village, de la tribu, voire de l'État quand il y en a un. Et encore, au sein de ces ensembles, il y a des humains qui sont « plus autrui que d'autres » : ce sont ceux « de la haute », les pères de famille ou les anciens, les chefs de clan ou les nobles, les rois ou les prêtres, tous ceux dont on considère qu'ils valent plus. Ce sont les vrais *majeurs ;* tous les autres n'étant que des *mineurs*.

Gengis Khan, de son vrai nom Temüjin, est le créateur du plus vaste empire de l'histoire. Ses conquêtes sont fulgurantes : entre 1204 et 1227, date de sa mort, il s'approprie un territoire qui va de la Chine à la mer Caspienne. Ses successeurs iront jusqu'à la mer Noire et la Méditerranée (1274). Pour beaucoup, il est l'archétype du barbare, ce qui n'est pas faux, car les grandes conquêtes exigent de grands massacres, et Gengis Khan fut le plus grand de tous les conquérants... Pourtant, chez lui, les codes d'honneur, les règles morales, le respect des personnes étaient des absolus ! Et, preuve de son ouverture d'esprit, il fit venir à lui le sage taoïste Tch'ang-Tch'ouen (Qiu Chuji), alors âgé de soixante-douze ans, pour débattre de la vie, de la mort et des règles de conduite. Simplement, en dépit de cette ouverture, il ne voyait comme vraies personnes que les « siens », ceux de sa tribu ou ceux qu'il décidait d'y incorporer[39]. Il n'était d'ailleurs pas avare en la matière, puisque des enquêtes génétiques très sérieuses ont montré l'ampleur ahurissante de sa descendance. Mais, conquérant universel, géniteur prolifique et esprit curieux, il n'en demeurait pas moins éthiquement très étroit. Pour lui, autrui, c'était d'abord le membre de son clan.

Dans l'histoire des civilisations, il en est une seule qui a promu cette idée étrange et singulière que tous les hommes – femmes comprises – peuvent prétendre devenir des personnes à part entière et, disons, des adultes responsables. Pour elle, le fait d'être « majeur » est la règle – accessible à quiconque –, le statut de « mineur » est l'exception.

Bien sûr, je ne songe pas à nier que l'Europe ait été aussi sexiste, raciste, esclavagiste, impérialiste et imbue de sa supériorité. Mais elle l'a été à l'instar de *toutes* les autres grandes civilisations. En revanche,

39. René Grousset, *Le Conquérant du monde – Vie de Gengis Khan*, Éd. De Crémille, 1944, p. 318.

ce qui la distingue dans l'histoire de l'humanité est qu'elle est la seule à avoir inventé l'antisexisme, l'antiracisme, l'anti-impérialisme et promulgué l'abolition de l'esclavage.

Si je me permets, cher lecteur, d'insister un peu sur ce point, c'est qu'on est tenté aujourd'hui de se convaincre du contraire. Au gré des faits divers et au fil des médias, on en vient parfois à penser que la civilisation européenne constitue la période la plus sombre de toute l'histoire de l'humanité, la plus violente, la plus raciste, la plus oppressive à l'égard de la femme, la plus méprisante à l'égard de la misère… bref : la plus immorale. Les raisons pour la détester, la combattre, voire vouloir la détruire semblent innombrables. Et certains ne s'en privent vraiment pas… sans pour autant – ce qui quand même est un signe – désirer en quitter le sol pacifié ni l'univers prospère !

Je pense exactement le contraire : nous vivons (pour le meilleur et pour le pire) la période la plus morale de l'histoire, parce que nous sommes devenus plus attentifs à ce que toutes les vies soient à la hauteur de la dignité humaine universelle. Cela ne signifie pas que la réussite est parfaite, mais l'aspiration au moins est là. Et c'est l'héritage le plus précieux de la civilisation démocratique : tous les humains sont dignes d'être des autrui.

2) Quand commence et quand finit autrui ?

Montaigne, qui n'avait rien d'un barbare, ne se souvenait plus exactement du nombre d'enfants en bas âge que son couple avait perdus. « J'en ai perdu en nourrice deux ou trois, écrivait-il[40], sinon sans regret, au moins sans fâcherie. » Et il ajoutait ne pas comprendre pourquoi « on embrasse les enfants à peine encore nés, [alors qu'ils n'ont] ni mouvement en l'âme, ni forme reconnaissable au corps, par où il se puissent rendre aimables au corps[41]. »

Voilà qui nous surprend, voire nous horrifie, venant d'un auteur si subtil et délicat. Et cela nous promet sa future excommunication des programmes des universités américaines. Certes, à son époque, la mortalité infantile est banale – elle est même la règle plutôt que l'exception – ; de sorte qu'il valait mieux se blinder avant de s'attacher ! Mais cela nous dit surtout que le bébé n'est pas vu alors (au moins par les « grands esprits » comme Montaigne) comme une personne à part entière. Il n'est qu'une ébauche d'autrui dont la valeur n'a pas encore atteint un nombre suffisant d'années.

---

40. En fait, il en perdit cinq ! *Essais*, I, XIV.
41. *Ibid.*, II, VIII.

En d'autres temps et d'autres lieux que les nôtres, l'infanticide n'est nullement réprouvé : le père de famille romain se débarrassait des filles à partir de la seconde ; en Chine, c'était parfois dès la première, sans parler des enfants mal formés ou sur qui pesait le soupçon d'être le fruit de l'adultère…

Quelle distance nous sépare de cette époque ! Personne ne mettra en doute que l'enfant, même tout petit, soit une personne. Dès sa naissance, il est adoré comme un petit roi et craint comme un petit tyran… Son existence précède même sa naissance, puisque la loi le définit aujourd'hui aussi comme un « projet »[42]. De fait, grâce à la contraception et avec la possibilité de l'avortement, tout enfant né (ou presque) est un enfant désiré. De là à en déduire que c'est le désir qui fait l'enfant (et donc l'autrui), il n'y a qu'un pas qu'il faut se garder de franchir.

Pourquoi ?

D'abord, parce que, malgré tout, il reste un peu de biologique dans la construction d'un enfant. Et c'est d'ailleurs là un problème redoutable : où se situe la frontière entre la matière biologique et la

42. *Code de la santé publique*, art. L 2141-1 à L 2141-12. Voir Marcel Gauchet, « L'Enfant du désir », *Le Débat*, Gallimard, novembre-décembre 2004.

vie humaine ? Ce fut tout l'objet d'une très longue querelle, dite de l'« animation », loin d'être achevée, soit : à partir de quand un petit corps d'humain en germe est-il porteur d'une « âme » (*anima*) ? Pour le grand Hippocrate, c'est dès la conception (animation immédiate), idée qui sera reprise par certains pères de l'Église (comme Grégoire de Nysse) ou le théologien Tertullien (IIIe siècle) : « C'est un homme déjà ce qui doit devenir un homme[43]. » Le pas moins grand Aristote défendait quant à lui la thèse d'une « animation tardive » : l'âme arrive après environ quarante jours pour un garçon et quatre-vingt-dix jours pour une fille[44]. Je ne commenterai pas cette différence ! L'idée est reprise par saint Thomas qui estime que, avant de parvenir à sa forme définitive, l'âme de l'embryon doit passer par différentes étapes : végétative puis sensitive, enfin intellective ou humaine, qui est la « fin ultime de toute la génération[45] ». Pour le christianisme, les deux thèses conduisent au même résultat : toute interruption volontaire du processus ne peut être qu'un péché

43. Tertullien, *Apologie*, IX, 8, cité dans *Evangelium vitae*, III, 61.
44. Aristote, *Histoire des animaux*, Les Belles Lettres, Paris, 1968. Tome II, Livre VII, 3, 583 b, p. 139.
45. Thomas d'Aquin, *Somme contre les Gentils*, Livre III : la Providence, 22, 7, trad. et prés. Vincent Aubin, Flammarion, Paris, 1999, p. 102.

contre l'ordre de la création. « L'être humain doit être respecté et traité comme une personne dès sa conception, et donc, dès ce moment, on doit lui reconnaître les droits de la personne, parmi lesquels en premier lieu le droit inviolable de tout être humain innocent à la vie[46]. » L'argument a l'avantage de la simplicité. Si un autrui commence *dès le début*, c'est parce qu'à l'origine de tout, il y a Dieu le père tout-puissant, le seul vrai Créateur de toute vie.

Mais pour simple qu'il soit, il peinera à convaincre qui n'est pas croyant. Car entre l'œuf monocellulaire (le zygote), l'embryon, le fœtus (fin du deuxième mois) et le bébé, il y a de sacrées différences qu'un œil pieux semble ne pas percevoir. Reste, pourtant, qu'il semble bien difficile de déterminer, au cours de ce processus continu de gestation, le moment exact où autrui émerge. D'ailleurs, les différences existant entre les pays pour fixer la limite légale de l'IVG montrent combien cette quête est vouée à l'échec : vingt-quatre semaines au Royaume-Uni pour douze semaines en France et en Allemagne (limite justifiée par la formation du cortex). Récemment, trois États des États-Unis, l'Ohio, la Géorgie et la Louisiane, ont adopté une loi qui rend illégale l'IVG dès lors qu'un

46. *Donum Vitae* (Instruction « Le don de la vie ») I, 1, 1987 ; repris dans *Evangelium Vitae* (*Encyclique sur la valeur et l'inviolabilité de la vie humaine*), Jean-Paul II, III, p. 60, 1995.

rythme cardiaque fœtal est observé. Par ces décisions, pourrait être remis en cause l'arrêt historique *Roe vs Wade*, qui garantit aux femmes un accès à l'avortement. À l'inverse, l'Assemblée nationale française a voté en juillet 2020 qu'une interruption de grossesse est possible, en cas « de détresse psychosociale », jusqu'au neuvième mois de gestation.

On a tort de considérer que ces débats sont éthiques. Au sens strict, ils relèvent de la science (un peu) et de la métaphysique (beaucoup) qui n'apportent, ni l'une ni l'autre, de réponses univoques sur l'émergence de l'humain. Face à cette pluralité, on est tenté de renvoyer chacun à sa conscience – tout est permis à tous ; libre à chacun de s'interdire ce qu'il veut – mais cette solution de facilité n'est pas satisfaisante, car les choix légaux ont des conséquences politiques. Ainsi, si l'on prend la question de l'IVG, son autorisation légale ne saurait aller sans la gratuité de l'acte, sauf à la réserver à la partie la plus aisée de la population, ce qui serait scandaleux. Mais, pour ses adversaires les plus acharnés, cela signifie que leurs impôts servent à rembourser ce qu'ils assimilent à un meurtre. Même sans la partager, on peut comprendre leur « objection de conscience ». Pourtant, dans la mesure où ils vivent dans une démocratie, ils se doivent d'en accepter les lois, quand elles sont votées, après délibération, à la majorité des représentants. Ici non plus, le débat n'est pas éthique, il est politique. La question éthique, elle, est simple : nuit-on à un autrui en le faisant naître ou pas ?

Cette question rappelle ce qui est, par excellence, le cri de la tragédie : « Maudit soit le jour où je suis né ! » C'est ce que lancent Job (3,1) et Jérémie (20, 14) quand ils pensent que Dieu les a abandonnés. C'est ce que chante le chœur des Perses d'Eschyle ou celui de l'Œdipe à Colone de Sophocle : « Le mieux pour l'homme serait de ne pas naître. Et le second degré du bonheur de rentrer au plus tôt dans le néant d'où il serait sorti. » Et si je voulais plomber encore plus l'ambiance, j'ajouterais ces quelques vers de Lucrèce :

Le nouveau-né ressemble au marin que les flots
Ont vomi : il gît, nu, sans langage, sans rien
De ce qui aide à vivre, échoué sur les rives
Du jour, comme arraché du ventre de sa mère.
Il pleure ; il emplit tout de ses vagissements.
Il a raison : la vie réserve tant de maux[47] *!*

Voilà qui pourrait dégoûter du désir d'enfant, mais qui en fait nous en dévoile la vérité profonde : désirer un enfant, ce n'est pas vouloir une poupée, c'est désirer exercer une responsabilité. Celle qu'on

47. *De la Nature*, v. 222-227.

a à l'égard d'un enfant mis au monde sans son consentement. Le pauvre petit n'y est pour rien… d'où ce devoir de tout faire pour qu'il n'ait pas à le regretter[48]. Voilà donc comment commence un autrui : il commence quand il se trouve quelqu'un pour s'en sentir responsable.

Mais cela ne suffit pas encore, car on peut se sentir responsable d'une maison, d'une terre, d'un animal… Pour compléter le portrait d'autrui, je partirai d'une autre controverse résumable par cette question : à qui appartiennent les enfants ? Longtemps on a considéré que les enfants appartenaient sinon à leurs parents, du moins à leur famille, à leur tribu, clan, voire patrie, qui pouvaient en user et en abuser comme bon leur semblait. On en a encore une trace symbolique dans notre « Allons enfants de la patrie ». Cette réponse choque nos consciences contemporaines. Nous préférerions dire : « Mais, pas du tout ! Un enfant est une personne ; il n'appartient ni à ses parents, ni à son clan, ni à sa patrie ! Il s'appartient à lui-même ! » Sauf qu'on voit très vite qu'un enfant qui s'appartient à lui-même est l'exacte définition d'un « enfant abandonné », dont personne ne s'occupe. Entre la fusion dans la

48. Kant, *Doctrine du Droit*, § 28.

communauté et l'hyperindividualisme solitaire, il y a pourtant une voie médiane qui tient dans une formule simple : « Un enfant appartient à l'adulte qu'il sera plus tard. » Et la tâche des parents, comme de la famille ou de l'école, est d'occuper pour lui temporairement – et le moins mal possible – cette position de l'adulte qui sera la sienne plus tard afin de l'aider à y accéder par lui-même. Je dis « le moins mal possible » car, en la matière, l'idéal est inaccessible : il n'y pas de parents parfaits ; il faut juste, comme dit le psychanalyste Winnicott, qu'ils soient suffisamment bons... L'enfant est donc un être qui veut grandir et qui, pour ce faire, a besoin des adultes. Éduquer, ce n'est rien d'autre que cela, mais c'est aussi tout cela : c'est toujours agir pour ses enfants en se mettant à la place des adultes qu'ils seront. C'est d'ailleurs pour cela que, en général, être parent rend adulte, même si, bien sûr, tous les adultes ne sont pas des parents et tous les parents ne sont pas adultes.

Si cela est vrai, un autrui, c'est quelqu'un dont on se sent responsable et dont on pense qu'il est adulte (donc responsable) en devenir.

Puis-je ajouter, cher lecteur : qu'il l'a été ? Car le raisonnement vaudrait, de même, pour l'autre bout de la chaîne : quand finit un autrui ? On dit souvent que bien vieillir, c'est rester jeune ; tandis que mal vieillir, c'est retomber en enfance... Et il est vrai qu'avec l'âge, on peut avoir le sentiment que tout ce qu'un individu a patiemment tricoté, avec beaucoup d'efforts, au long de sa vie – son expérience (c'est-à-dire un certain rapport au monde), sa responsabilité (c'est-à-dire un certain rapport aux autres), son autonomie ou son authenticité (c'est-à-dire un certain rapport à soi) –, eh bien tout cela se détricote tout doucement, mais aussi tout tragiquement : le monde se rétrécit, les liens se perdent, la conscience de soi se dissout... D'où l'idée qu'en effet, l'adulte se noie dans le vieillard sénile. C'est l'âge honni de la « dépendance » ou de la perte d'autonomie, grande hantise de notre temps qui permet de vieillir plus longtemps, mais qui a substitué l'espérance de vie à la vie d'espérance. Faudrait-il donc en déduire que l'autrui s'est égaré en route ? Que n'ayant plus toute sa tête ni tout son corps, il n'a plus sa dignité ? Qu'on va pouvoir agir pour lui, mais sans lui ? La tentation est forte. Il faut pourtant y résister fermement. Se donner comme devoir d'agir toujours à l'égard de la personne sénile en pensant à l'adulte qu'elle a été ; car c'est ainsi qu'il reste un autrui envers et contre tout. La tâche est infiniment plus difficile que celle de l'éducation, car, contrairement à l'aube, il n'y a guère de promesse du crépuscule, même s'il peut avoir (parfois) une singulière beauté : « l'été indien de la vie », comme dit Pascal Bruckner. C'est pourtant sur cette aptitude à regarder la sénilité comme une humanité complète que se joue aussi la grandeur de notre civilisation démocratique.

Je complète ainsi ma définition. Autrui, c'est quelqu'un dont on se sent responsable et dont on pense qu'il l'est lui-même, qu'il l'a été ou qu'il peut le devenir. Éduquer, c'est faire émerger un autrui : lourde tâche ; le respecter, c'est tout faire pour le préserver : grande mission. Donc, à tous les étages de l'existence : ne pas lui nuire, ne pas être indifférent et, si possible, faire son bien.

Ne manque-t-il pas un petit quelque chose ? Tu le sens comme moi, cher lecteur : tout cela reste un peu trop gentillet. Eh oui ! Car autrui n'est pas seulement celui à qui l'on fait du bien ou qui peut nous en faire, c'est aussi celui qui fait du mal ou à qui l'on en fait. Il n'est pas qu'innocent, attentif, bienveillant, il est également salaud, médiocre, méchant. On a rarement vu un mouton se faire exploser au milieu de ses semblables au nom du Mouton suprême ; ou des canards exterminer systématiquement tous les vilains petits de leur espèce ; même le chat qui joue avec la souris n'atteint pas l'abjection sophistiquée du tortionnaire humain.

Nous y sommes enfin, cette fois : est un autrui quiconque est responsable ou dont on se sent responsable ; quiconque peut le bien, mais aussi sait, veut et aime à faire souffrir son congénère. Voilà le portrait complet d'autrui. Il est cet être imprévisible – libre ? – capable du meilleur comme du pire. Souvenons-nous en bien au moment d'examiner quels sont, à côté des humains, les autres candidats à ce titre.

3) L'animal est-il un autrui ?

Comme ce débat déchaîne désormais les passions, il vaut mieux, pour tenter d'être calme et clair, le présenter à la manière d'une dispute médiévale. De quoi s'agit-il ? D'un exercice – très formateur – que mes ancêtres de la Sorbonne pratiquaient jadis et que je tente de réhabiliter. Le jour de l'examen (par exemple, du baccalauréat), on faisait entrer deux candidats à qui l'on donnait la même question. Par tirage au sort, on désignait qui devait plaider le pour (*pro*) et qui, le contre (*contra*). Les deux candidats s'affrontaient à l'oral devant le jury. À l'issue de cette joute, celui qui était déclaré vainqueur devenait bachelier… et l'autre pas. Eh oui ! Il y avait à l'époque 50 % de réussite au Bac !

Tentons l'exercice avec cette question : « L'animal est-il un sujet moral ? » Elle oppose en apparence les *animalistes* (partisans d'une extension de la moralité aux bêtes) et les *humanistes* (défenseurs du privilège éthique des humains). Mais nous allons voir que ce ne n'est pas si simple, car beaucoup d'animalistes se prétendent hyperhumanistes et nombre d'humanistes aiment beaucoup les animaux... et pas seulement rôtis[49].

POUR : promotion de l'« animalisme »

Au sens le plus large, l'animalisme est l'attention à la condition animale et le souci de son bien-être. Ceux-ci s'expriment d'abord par le refus de certaines pratiques traditionnelles (la tauromachie, le tue-cochon, le gavage des oies) ou rituelles (l'abattage du mouton pour l'Aïd), ainsi que par une ferme hostilité aux méthodes de l'industrie alimentaire, comme l'élevage intensif en batterie. Cela dit, faites débattre deux animalistes, et vous pouvez être certains qu'ils ne seront d'accord sur quasiment rien d'autre. Certains se contentent d'exiger des conditions décentes d'élevage et

49. Je m'inspire ici d'une série d'exposés prononcés par Éric Deschavanne au Collège de philosophie en 2019.

d'abattage des animaux afin de limiter leurs souffrances ; ce qui fera hurler d'indignation ceux qui voient dans l'alimentation carnée le fruit d'un véritable meurtre. Mais, parmi ces derniers, certains tolèrent l'expérimentation à des fins médicales sur les animaux si aucun autre moyen n'est disponible. D'autres jugeront nécessaire de tuer des animaux dont les espèces deviennent invasives et menacent les écosystèmes, à l'inverse d'autres encore pour qui l'homme ne doit jamais intervenir dans le monde sauvage quelles qu'en soient les conséquences. Et face à ceux qui veulent protéger la biodiversité, il s'en trouve qui exigent de faire peu à peu disparaître toutes les espèces domestiques pour mettre fin à la honteuse exploitation dont elles sont victimes… Bref, si tous les animalistes aiment les animaux, ils ne les aiment pas de la même manière et, surtout, ne s'aiment guère entre eux…

C'est pourquoi, il vaut mieux parler de l'animalisme, en un sens plus précis, comme d'une philosophie morale et politique, dont les trois idées clés sont les suivantes :

- la dénonciation de l'anthropocentrisme qui voit l'humain comme une espèce supérieure (c'est ce qu'on appelle l'antispécisme, selon un terme construit par analogie avec l'antiracisme) ;

• l'abolition de l'exploitation, et parfois du « meurtre » des animaux sous toutes ses formes (le véganisme) ;

• enfin – et c'est l'idée principale – la reconnaissance de l'individualité des animaux. En effet, à la différence de l'écologie, qui voit la nature comme un tout à défendre (un holisme), l'animalisme défend le respect de la personnalité de chaque animal. Parce que l'animal est doué de *sentience* (capacité à ressentir du plaisir, de la peine, ainsi qu'une vaste palette d'émotions) et d'*agentivité* (aptitude à agir selon ses intérêts et ses préférences), on doit le considérer comme une personne à part entière, un « je », ou encore un « soi ». Et, parce qu'il est une personne, il faut lui accorder des droits inviolables. Inviolables, cela signifie des droits qui ne peuvent être mis en cause en aucun cas et sous aucun motif, même au nom d'intérêts « supérieurs », comme la survie des humains. Et ces droits ne sont pas seulement négatifs (ne pas nuire à l'animal), mais aussi positifs (ne pas lui être indifférent et même se montrer bienveillant à leur égard). Comme le dit une grande théoricienne de l'animalisme, Paola Cavalieri : « Il est temps de retirer à l'humain le privilège des droits de l'homme. »

Zoopolitique ?

On parle parfois de la politique comme d'un cirque, mais pourrait-elle être un zoo ? En prenant le terme au sens strict : une cité des vivants, organisant la vie commune des humains et des animaux. La tentative à ce jour la plus ambitieuse de définir ces droits est celle de Sue Donaldson et Will Kymlicka, dans *Zoopolis*[50]. Les auteurs distinguent trois types d'animaux en fonction de leur rapport à l'homme : les animaux domestiques (d'élevage ou de compagnie), les animaux « liminaires », qui partagent un même espace avec les humains (les souris, les rats, les cafards...), et les animaux sauvages qui vivent dans des espaces naturels. Pour concevoir de manière juste la cohabitation au sein de la cité des vivants, les auteurs proposent d'élargir les catégories habituelles de la philosophie politique : citoyen, résident, étranger et souverain. La citoyenneté politique devra désormais être élargie aux animaux domestiques ; les droits accordés habituellement aux migrants, comme résidents, concerneront les « liminaires », tels les souris, les cafards (devoir d'hospitalité, d'hébergement, de justice corrective, etc.). Quant aux animaux sauvages, les auteurs envisagent de leur appliquer le « droit des gens », c'est-à-dire de les considérer comme des étrangers, membres

---

50. *Zoopolis, Une théorie politique des droits des animaux*, tr. fr. Alma, 2016.

d'une autre nation, mais dotés de la souveraineté et du droit des peuples à disposer d'eux-mêmes dans le cadre des règles de la justice internationale (respect de leur territoire et autonomie).
Ma foi ! Un bien bel exercice de l'esprit…

Ce mouvement, qui plonge ces racines dans des sources très anciennes comme le bouddhisme, le pythagorisme et le néoplatonisme, a pris un nouvel essor à la faveur de trois phénomènes contemporains.

Il y a d'abord l'urbanisation et l'industrialisation alimentaire. Pour les urbains que nous sommes désormais en majorité, la réalité de la vie animale est devenue exotique, hormis pour ce qui est des « animaux de compagnie ». Les bêtes sauvages comme les animaux de la ferme sont tout à fait étrangers à notre quotidien. Nous ne voyons les premières qu'à travers les documentaires animaliers et quelques dessins animés. Les seconds sont devenus de simples produits de consommation au prix d'une détérioration considérable de leur condition. Une simple visite dans une usine d'élevage intensif (de poulets ou de poissons) laisse une impression terrible et définitive. Certains animalistes parlent à cet égard d'un « éternel Treblinka » (Charles Patterson). Et il y a aussi une troisième catégorie, souvent oubliée dans le débat, qui regroupe les plus ou moins nuisibles – cafards, rats, punaises, moustiques… – avec lesquels on doit cohabiter sans toujours le souhaiter. Bref, pour la plupart d'entre nous, le rapport à l'animal est devenu plus abstrait que jadis, d'où ce paradoxe : plus le monde des bêtes nous devient étranger, plus se développe l'aspiration à les intégrer au monde éthique et à la sphère des droits.

Et cela – deuxième évolution – semble aller dans le sens d'une histoire déjà écrite. Jadis les frontières de l'éthique traversait le monde humain : les autrui étaient nos proches, nos voisins, nos semblables… et encore, pas tous. Puis la question s'est posée pour les enfants, les femmes, les indigents, les gens de couleur… puis, petit à petit, le cercle de l'humanité s'est élargi jusqu'à englober la totalité du genre humain. Pourquoi s'arrêter ? C'est là l'argument du « sens de l'histoire ». Les animalistes voient souvent leur cause comme analogue à celle de l'abolition de l'esclavage. De même qu'on est horrifié aujourd'hui par les propos des esclavagistes d'hier, on le sera demain par ceux qui n'ont pas vu à temps la détresse animale et qui continuent, dans leur obscurantisme, à les traiter comme des choses. Dans cent ans, prédisent-ils, l'injustice faite aux animaux nous paraîtra tout aussi scandaleuse que celle faite aux esclaves autrefois. Les animalistes se considèrent comme l'avant-garde de l'évidence de demain.

Troisième évolution : les avancées de la biologie et de l'éthologie ont conduit, comme le dit Luc Ferry, à un double effacement de la frontière entre animalité et humanité. Elles conduisent, d'un côté, à humaniser l'animal, dont on nous dit qu'il est doté de beaucoup plus d'intelligence, de faculté de communication, de culture, d'empathie, voire de spiritualité qu'on ne le pensait jusqu'alors ; de l'autre, à animaliser l'homme, puisque ses actes qui semblaient les plus spécifiques – calculer, décider, admirer, s'émouvoir, coopérer... – sont interprétés comme des purs produits de l'évolution naturelle, voire de la génétique. Si l'animal devient quasi humain et si l'humain reste un animal comme un autre, alors il n'y a, en effet, plus aucune raison de maintenir la moindre barrière. Et donc aucun motif de ne pas intégrer l'animalité à la sphère de la moralité. D'autant qu'il faut bien constater que certains êtres considérés comme « humains » – par exemple, les fœtus, ou les personnes souffrants de pathologies mentales graves – ont des aptitudes cognitives, morales et agentiques très inférieures à celles de bien des animaux.

Pour ces trois raisons – transformation du rapport à l'animal, extension de la sphère éthique, progrès de l'éthologie –, au nom de quoi faudrait-il refuser aux animaux des droits et la qualité d'agents moraux ?

CONTRE : défense de l'humanisme.

L'animalisme a pour lui la générosité et l'altruisme (ce pourquoi il séduit) ; mais cela a un prix : le déficit de cohérence. Car il y a dans l'animalisme deux revendications contradictoires. D'un côté, il demande à l'homme d'être plus « humain » à l'égard des animaux, c'est-à-dire non seulement de ne pas être sourd et aveugle à leur sort (principe de non-indifférence), mais encore de veiller à leur bien-être (principe de bienveillance) – en ce sens, c'est un humanisme. Mais, d'un autre côté, il exige que l'homme cesse de se penser comme espèce supérieure, centre du monde, afin d'accueillir comme un égal l'animal qu'il est aussi : en ce sens, c'est un antihumanisme. Et là est tout le paradoxe de cette pensée : *l'animaliste déteste une humanité dont il exige toujours plus d'amour*.

Ce pourquoi l'animalisme me semble être une position intenable, du moins tant que ses partisans seront des membres de l'espèce humaine.

Pour le reste, la clé de la controverse réside dans une antique question : quelle est la différence entre l'homme et l'animal ? Si c'est l'intelligence : que faire des cons ? Si c'est la parole : que faire des muets ? Si c'est la communication : que faire des autistes ? Etc. Comme l'avait bien dit Rousseau, citant Montaigne qui citait Plutarque, tout critère risque de faire passer la démarcation à travers l'humanité même : « Il y a plus de différence de tel homme à tel homme que de tel homme à telle bête[51]. »

Il y a pourtant, cher lecteur, au moins une différence entre l'homme et l'animal que personne ne pourra jamais contester : l'homme est le seul animal qui se pose la question de savoir ce qui le distingue de l'animal, et surtout qui se dispute sans fin à ce sujet avec ses congénères qui pensent qu'il y en a peu ou pas du tout. Il est aussi le seul animal à tenter de comprendre ce que ressentent, pensent ou vivent les autres espèces. Nul autre que lui ne passera ses nuits d'insomnie à regarder avec passion des documentaires animaliers à la télévision, ses journées d'école à réciter des fables où des bêtes font des leçons de morale aux humains, et, parfois, sa vie à étudier le langage des abeilles, la sexualité des papillons ou l'alimentation du scarabée à poil rose. J'ajoute que s'il existe des humains animalistes, on ne connaît guère d'animaux

51. *Discours sur l'origine de l'inégalité parmi les hommes*, in *Œuvres*, Gallimard, « Pléiade », p. 141.

humanistes, même si – je le reconnais – certains requins, tigres ou moustiques « apprécient » beaucoup les humains[52]. En tout cas, le nombre d'animaux militants engagés dans la SPH (Société protectrice des humains) est, à ce qu'on sache, assez réduit.

Tu pourrais penser, cher lecteur, que cet argument est un peu rustique et trop ironique pour être honnête. Je pense au contraire qu'il va au cœur des choses. Car il suppose qu'il y a chez l'humain une capacité de sortir de son point de vue pour s'intéresser à celui des autres. C'est cette faculté (plus ou moins développée) qui est la condition de la morale, puisque, sans elle, il est impossible de penser ce qui est bien ou ce qui est mal *pour autrui*.

L'animal dispose-t-il de cette capacité ou pas ?

Il faut d'abord s'entendre sur le type d'animal, car la catégorie est très vaste. Son règne va de l'éponge au bonobo en passant par le corail, l'huître, le moustique, le chien, le rat, le scarabée, le dauphin, la chauve-souris et le pangolin, dont le souci des autres a été récemment mis en question. Face à cette immensité, l'animaliste le plus militant aura du mal à mettre tous ses œufs dans le même panier, si je puis dire. Et, refusant de définir un seuil entre bêtes et hommes,

52. Et même si l'on voit bien des animaux comme le loup s'intéresser aux humains. Voir Baptiste Morizot, *Sur la piste animale*, Actes Sud, 2018.

il se verra contraint de rétablir des frontières au cœur même du règne animal. Car le sens moral d'une blatte ou d'un homard ne saute pas aux yeux.

Certes, mais il faut convenir que nombre d'observations des espèces les plus évoluées sont troublantes. Et il y a de nos jours une magnifique controverse sur le sujet. Elle oppose notamment deux grands savants : Frans de Waal et Michael Tomasello. Le premier est éthologue, spécialiste des primates ; l'autre est psychologue, spécialisé dans la comparaison des capacités cognitives des chimpanzés et des bébés. Ils se sont affrontés à distance dans le cadre prestigieux des conférences *Tanner* en 2003 et en 2008[53].

Pour Frans de Waal, l'altruisme n'est pas le propre de l'homme, et il entend montrer qu'on en trouve des formes très élaborées chez les animaux. C'est ce que rapportent non seulement de nombreuses anecdotes touchantes, mais aussi des expérimentations scientifiques portant notamment sur l'empathie[54].

---

53. La conférence de Frans de Waal a été publiée sous le titre *Primates et philosophes*, Éditions Le Pommier, 2008. Celle de Michael Tomasello, *Pourquoi nous coopérons ?*, est parue aux Presses Universitaires de Rennes, en 2015.
54. L'analyse complète de Waal porte sur ce qu'on appelle les quatre blocs de la morale, à savoir l'empathie, l'équité, la réciprocité et le sens de la communauté.

Celle-ci englobe trois niveaux. Le premier est celui de la « contagion émotionnelle » qui fonctionne selon le principe suivant : « Un bon bâilleur en fait bâiller sept ! » Autrement dit, voir quelqu'un pleurer (ou rire, ou être effrayé…) me fait pleurer (ou rire, ou être effrayé…). Le deuxième est celui de l'empathie proprement dite : non seulement j'imite, mais je ressens l'émotion « du dedans d'autrui ». Adam Smith dit « prendre en imagination la place de celui qui souffre[55] ». Troisième stade, la sympathie : non seulement j'imite, non seulement je ressens que l'autre est ému, mais je partage son émotion, je m'y installe avec l'espoir (peut-être) d'adoucir ainsi sa peine qui est aussi devenue la mienne. Car il est difficile d'être heureux quand les autres sont malheureux. Empathie et sympathie ne sont pas toujours faciles à distinguer ; mais les exemples du bourreau ou de l'anarqueur clarifient tout. Un bon tortionnaire a besoin de savoir ce que sa victime ressent pour bien la faire souffrir : il doit donc avoir de l'empathie, mais surtout pas de sympathie s'il veut continuer à bien faire son sale boulot. Un bon arnaqueur doit apprendre à penser comme sa victime pour bien la truander, mais il doit le faire sans pitié.

---

55. *Théorie des sentiments moraux*, PUF, 2014.

Franz de Waal estime repérer ces trois degrés dans le monde animal. Ainsi des rats, qui avaient appris à presser un levier pour obtenir de la nourriture, cessent d'y avoir recours s'ils voient que cela produit un choc électrique à un de leurs congénères. Les singes, dans la même situation, préfèrent même s'abstenir de manger pendant plusieurs jours si la victime fait partie de leur clan. On note aussi des comportements d'entraide désintéressée, des gestes de consolation, des expressions de gratitude, des considérations d'équité, des attitudes de réprobation à l'égard d'un individu qui a transgressé une règle du groupe et, parfois, un réel souci de convivialité. Les grands singes (*Apes*), mais aussi les éléphants ou les dauphins sont les espèces qui paraissent les plus proches des humains, mais l'altruisme concerne aussi les perroquets, les singes (*monkeys*). Même les chauves-souris vampires, paraît-il, partagent couramment le produit de leur chasse avec des congénères moins chanceuses et morigènent celles qui sont tentées de profiter indument des allocations gratuites.

Pour fascinante qu'elle soit, cette approche se heurte à une difficulté majeure : au-delà de l'observation, il faut interpréter correctement les intentions qui président aux actes réputés moraux. La difficulté en est déjà considérable quand il s'agit d'humains, dont on peut toujours mettre en doute la sincérité de l'altruisme – Kant lui-même disait qu'« il se pourrait qu'aucune action morale n'ait jamais été commise. Parce qu'aucune action humaine réellement désintéressée n'a peut-être existé[56] » – ; alors on imagine le défi pour les animaux. Mais Frans de Waal est animé par une foi sympathique qui le fait moraliser à tout-va. On sort de la lecture de ses livres avec l'idée que non seulement les animaux sont moraux, mais qu'ils le sont beaucoup plus que ces salauds d'humains !

Ce qui laisse planer comme un doute…

Michael Tomasello est, quant à lui, beaucoup plus prudent. Pour lui, la différence entre l'homme et l'animal ne concerne ni l'intelligence, ni la sociabilité, ni la capacité à éprouver les émotions d'autrui, mais celle de « penser à la place d'autrui ». C'est d'ailleurs ce que fait l'éthologue qui tente de comprendre comment fonctionnent les animaux. Or, aucun animal ne peut être éthologue. Certes, bien des animaux peuvent interpréter les comportements ponctuels d'autres animaux ou des humains : quand ils vont attaquer, jouer, forniquer… Mais cette aptitude reste centrée sur leur intérêt direct et sur l'instant présent.

56. Kant, *Fondements de la métaphysique des mœurs*, trad. A. Renaut, GF, 2018.

« Le chimpanzé, écrit Tomasello, ne se demande jamais si ce qu'il perçoit à un instant donné n'est qu'apparence ou réalité, tout simplement parce qu'il ne se demande jamais comment l'autre chimpanzé à côté de lui perçoit le monde. Pour lui, il n'existe jamais que *son* monde. C'est cette capacité humaine à avoir une attention partagée qui rend tellement particulier le comportement humain vis-à-vis du monde[57]. »

On peut certes être tenté d'observer cette aptitude au décentrement chez les animaux. Par exemple, chez la mère chimpanzé qui donne de la nourriture à son petit : elle semble généreuse ; ou chez les grands singes qui indiquent à un humain où se trouve la clé pour ouvrir une porte : ils paraissent serviables ; ou encore chez le membre d'un groupe qui lance une alerte quand surgit un prédateur ou lorsqu'il découvre une source de nourriture : cela ressemble à du partage d'informations.

Mais quand on y regarde de plus près, nous dit Tomasello, et sans préjugés anthropomorphiques, on perçoit que ces comportements n'ont rien d'altruistes. La mère chimpanzé nourrit, certes, son petit, mais garde systématiquement pour elle-même les aliments les plus savoureux ; le serviable gorille n'indiquera comment ouvrir la porte que s'il sait

57. Entretien pour *Philosophie magazine*, 30 novembre 2016.

que c'est le moyen d'obtenir son propre repas ; dans tous les autres cas, l'embarras du gardien le laissera indifférent. Quant au lanceur d'alerte, il crie quoi qu'il arrive, même quand tous les membres de la tribu ont eux aussi vu le prédateur. Et s'il prévient d'une source de nourriture, ce n'est pas tant pour inviter les autres à partager le festin, que pour s'assurer par leur présence la protection du groupe afin de pouvoir, lui, manger tranquillement. Bref, on projette sur ces actes des intentions pures qui n'y sont pas.

On retrouve ce biais cognitif – qui révèle la faculté des hommes, même savants, à projeter leur propre vision du monde sur celle des autres – quand on admire les stratégies de coopération du monde animal. Tomasello cite l'exemple de la chasse collective que pratiquent les chimpanzés sauvages pour capturer de petits singes arboricoles, les colobes rouges. Un « pilote » prend la proie en chasse ; des « rabatteurs » canalisent sa course jusqu'à un « embusqué » qui doit le capturer. C'est digne de Sun Tzu, dira-t-on ! À ceci près qu'une étude précise montre qu'il n'y a aucun plan et que le dispositif se met en place de manière quasi mécanique en fonction de la place de chacun des protagonistes lorsque la proie est repérée. On a affaire à une « stigmergie » où chaque élément stimule le suivant dans un processus qui produit une apparence d'ordre préconçu… quand il réussit. C'est ainsi que les abeilles fabriquent leurs sublimes alvéoles de cire sans aucun plan géométrique préconçu, car l'abeille, comme dit Marx, n'est pas un architecte. *A contrario*, quand on tente de faire jouer ces chimpanzés à des jeux très basiques que maîtrisent parfaitement des enfants de quatorze mois, ils sont incapables de la moindre action collective. L'animal reste toujours dans un « mode-Je », il n'accède pas au « mode-Nous », la dimension d'un « but collectif » lui échappe. L'homme est un animal qui, devenu très mauvais dans l'interprétation des signes de la nature (traces, odeurs, etc.), est un virtuose dans la lecture des intentions de ses semblables : il regarde son regard, tente de penser ce qu'il pense, de ressentir ce qu'il ressent, de projeter ce qu'il projette, de quêter son assentiment, de repérer sa désapprobation… autant de démarches absentes, selon Tomasello, dans le monde sauvage. De même, la position de « neutralité » (la justice !) y est inconcevable, comme le montre cette expérience qui a opposé vivement de Waal et Tomasello : si un chimpanzé vole de la nourriture à un congénère, la victime exercera sur lui des représailles, mais il n'a jamais été observé qu'un singe témoin d'un vol sur autrui tente de l'empêcher ou cherche à en punir l'auteur. Ici, la justice animale est tellement aveugle qu'elle ne voit pas l'injustice. À l'inverse, chez les enfants, les normes sociales sont présentes très tôt et probablement d'emblée. Ce qui fait que leurs actions ne sont pas mues seulement par l'appétit, mais aussi par d'autres facteurs qui ont dû présenter dans l'histoire de l'évolution des avantages sélectifs pour l'espèce : le désir de plaire, la crainte d'une punition sociale, le sentiment de honte, le souci de comprendre l'autre et de se faire comprendre de l'autre.

Il ne faudrait pas en conclure que les humains sont « des anges de la coopération ». Ils sont également très doués pour les actes odieux, égoïstes et abjects, mais ils les commettent, en général, soit quand ils pensent que cela peut passer inaperçu, soit à l'égard de ceux qu'ils estiment étrangers au groupe, voire ennemis, soit quand ils sont vraiment méchants.

« Bien sûr, les enfants apprennent aussi très tôt à mentir… mentir suppose l'existence préalable de la coopération et de la confiance. Si les gens n'étaient pas enclins à avoir confiance en la serviabilité de l'autre, le mensonge ne pourrait jamais émerger[58]. »

On pourrait même dire que la honte, le mensonge, la torture ou l'arnaque (plus que toutes les bonnes actions) sont les meilleurs révélateurs de l'extraordinaire capacité humaine à se décentrer.

Que retirer de ce débat passionnant qui continuera longtemps d'être nourri par des expérimentations et des observations fascinantes ?

---

58. *Pourquoi nous coopérons ?*, op. cit., vers. num., empl. 417.

D'abord, quand il y a doute, autant s'abstenir. C'est déjà assez largement le cas avec les bonobos, les dauphins ou les éléphants... ces espèces doivent être protégées non seulement parce qu'elles sont menacées, mais parce qu'elles frisent la morale. Pour eux comme pour les animaux de compagnie, la formule de Michelet me convient assez : ce sont nos « frères d'en bas ». Mais elle ne saurait valoir pour tous les animaux, notamment pour ceux que l'on tue et ceux que l'on mange.

Ensuite, en dépit de toutes ces recherches, deux critères résistent aux tentatives stimulantes de faire disparaître la frontière entre animalité et humanité. Et ces deux critères robustes permettent de réserver aux seuls humains la qualité d'agent moral de plein exercice.

Le premier est celui de la « pensée élargie », selon la formule kantienne, soit la capacité non seulement de ressentir les émotions d'autrui, mais de s'installer dans sa vision du monde. C'est cette aptitude qui permet de donner tout son sens et sa puissance à la règle d'or, au devoir de non-indifférence et à l'exigence de bienveillance.

Le second critère est celui de la « perfectibilité », chère à Jean-Jacques Rousseau. Il définit l'humain comme animal indéfini, inachevé, dont le comportement n'est pas tout entier programmé par l'instinct. C'est cette indétermination qui permet le bien comme le mal.

Ces deux critères se rejoignent dans l'idée de liberté, qui désigne moins la capacité de faire ce qu'on veut comme on veut que ce travail permanent de réflexion sur soi et sur sa relation aux autres. L'homme traîne, en vérité, sa liberté comme un boulet ! Il est voué à réfléchir, à penser constamment sa relation aux autres, à peser entre le bien, le mal, le passable et le pire… et tout cela est très fatigant !

La morale est donc un boulot à plein temps, et je crois qu'on rend un grand service aux animaux en ne les chargeant pas d'un tel poids. Sinon, il faudrait les considérer comme des salauds, des médiocres, des méchants, s'ils ne respectent pas la règle d'or, la non-indifférence ou la bienveillance. Sans être un sujet moral, l'animal n'est pourtant pas un objet comme un autre. D'abord parce qu'il est vivant et doté de *sentience* et d'*agentivité*, il doit être protégé, non pas seulement afin de ne pas heurter la sensibilité de l'homme (ce qui serait le cas avec un paysage ou une forêt), mais pour lui-même. C'est *un objet vivant moral*, au sens où l'on parle de l'objet de nos soins. Parce que l'animal n'est pas un sujet, on a le droit de le tuer, de le manger : ce n'est pas un autrui, et la viande n'est pas le résultat d'un meurtre ; mais parce que c'est un objet vivant moral, on n'a pas le droit de le faire souffrir. Il reste un moyen (pour la compagnie, pour l'alimentation, pour l'expérimentation médicale…) et non une fin. Mais que nous ayons à son égard l'us n'autorise pas les abus. Et on lui doit bien des égards.

Bref : aucun animal n'est un autrui… pas même une truie.

4) Autrui peut-il être un robot ?

Celle-ci s'appelle Gertrude. En août 2020, Elon Musk l'a fièrement présentée au monde entier. Sa start-up Neuralink avait implanté dans son cerveau une puce connectée de la taille d'une petite pièce de monnaie afin de capter ses signaux neuronaux. C'est le premier test visant à poser un jalon vers ce qui est, selon Elon Musk, l'avenir certain : la symbiose entre l'Intelligence humaine et l'intelligence artificielle (IA), entre le cerveau et la machine. Pour lui, le meilleur moyen dont dispose l'homme de ne pas se faire dévorer tout cru par l'IA c'est que l'humain incorpore l'IA. Après Gertrude, ce sera au tour du cerveau humain et la promesse de stocker les souvenirs, voire la conscience dans une clé USB… La *Food and Drug Administration* a accordé au projet de Neuralink le statut de « dispositif révolutionnaire » permettant d'accélérer le processus d'approbation. À suivre… mais voilà qui trouble d'ores et déjà les frontières entre l'homme, l'animal et la machine, et pourrait donc aussi bouleverser notre définition de l'autrui. Allons-nous vers une robotisation de l'humain et/ou une humanisation des robots ?

Je ne sais pas, cher lecteur, si tu étais comme moi un adepte de la série suédoise *Real Human : 100 % humain* (Lars Lundström, 2012-2014). Elle met en scène un monde très similaire au nôtre, à ceci près que les androïdes très perfectionnés – les hubots – sont devenus presque aussi courants que nos robots de cuisine Magimix. D'apparence similaire à celle des humains, on les utilise partout ; à la maison, comme femme de ménage ou aide à domicile ; dans l'entreprise, comme manutentionnaires ; et, clandestinement, comme partenaires sexuels. Ils sont rechargeables et programmables via un port USB. Mais voilà, un lot de ces hubots a fait l'objet d'une expérimentation par son concepteur : il ne s'agit pas seulement de machines, mais de clones robotisés à partir d'humains décédés. À la différence des hubots utilitaires, ils sont doués de conscience, d'émotions et d'autonomie. Le vent de la révolte va alors souffler de toutes parts. D'abord du côté des humains, exaspérés de se voir peu à peu remplacés – professionnellement, affectivement ou/et sexuellement – par des machines plus performantes ; du côté des hubots spéciaux ensuite, qui ne tardent pas à fonder un FLH (Front de libération des hubots), visant non seulement à l'émancipation et à la reconnaissance de leur humanité, mais aussi à leur suprématie sur le monde humain.

Par où l'on voit au demeurant que, mis à part l'innovation technologique, la série se contente de reproduire ingénieusement des scénarios bien connus : ségrégation, « grand remplacement », lutte de libération, résistance, suprémacisme, racisme... Elle a en tout cas le mérite d'exposer agréablement les jalons de ce qu'on appelle désormais la roboéthique ou éthique des robots.

Il y a en fait trois manières de comprendre cette toute nouvelle branche de l'éthique, résumées par ces trois questions : 1) les robots doivent-ils être éthiques à l'égard des humains ? 2) les humains doivent-ils être moraux à l'égard des robots ? 3) qu'est-il éthiquement permis de laisser faire aux robots ?

Droits des robots ?

En 1942, Isaac Asimov, docteur en biochimie et auteur fameux de science-fiction, avait publié une nouvelle intitulée *Runaround* dans laquelle il formulait trois lois fondamentales destinées à encadrer la robotique et à régir les relations homme/machine. Elles sont limpides : 1) un robot ne peut porter atteinte à un humain ni, par sa passivité, permettre qu'un humain soit exposé au danger ; 2) un robot doit obéir aux ordres donnés par les humains, sauf si ces ordres sont en contradiction avec la première loi ; 3) un robot doit protéger sa propre existence tant que cela n'entre pas en contradiction avec les deux lois précédentes. Ce texte a servi de base à la rédaction en 2007 d'une *Déclaration universelle du droit des robots* (commanditée par la Corée du Sud), mais aussi, en 2020 en France, pour une proposition de loi constitutionnelle (n° 2585) de l'Assemblée nationale.

Les robots pacifistes

En 2152, le Sinisthan déclare la guerre à l'Américoaustralie. Les armées très largement robotisées des deux hypernations se font face. Mais au moment où les deux généralissimes donnent l'ordre de lancer l'offensive, seuls les combattants humains avancent ; les robots, eux, restent inertes. En effet, en vertu de la deuxième loi d'Asimov, incorporée à leur IA, les soldats-robots peuvent désobéir aux ordres si ceux-ci exposent des humains à un danger. Mais, selon la première loi d'Asimov, ils ne peuvent rester passifs face à ce danger. De sorte que, dans un deuxième temps, obligés d'agir, les robots des deux nations se retournent contre leurs généralissimes respectifs et les mettent hors d'état de nuire (sans pour autant leur faire de mal). D'où cette bonne et cette mauvaise nouvelle. La bonne : c'est la paix ; la mauvaise : les robots ont pris le contrôle des humains… pour leur bien. Voilà une des failles possibles des belles lois d'Asimov.

Cette dernière refusait très clairement au robot la « personnalité juridique » et le moindre droit subjectif. Pour autant, elle insistait sur la responsabilité et les obligations qui incombent à « la personne morale ou physique qui héberge ou distribue le système » qui en est « de fait son représentant juridique ». Autrement dit, le robot est une affaire entre hommes et doit le rester. Il peut bien ressembler à autrui, avoir le comportement d'un autrui, susciter des émotions chez l'humain, il n'est pas un autrui… Ainsi, ce n'est pas à lui d'être éthique, mais à son concepteur ou son utilisateur. Il reste donc une simple machine, avec laquelle il peut être périlleux (pour soi) d'entretenir une relation trop forte ou émotionnelle, car il n'y aura jamais d'autre réciprocité que simulée.

Et si (par hypothèse), avec l'avènement de l'IA forte, il devenait réellement humain (*real human*), eh bien, dans ce cas, il cesserait d'être un robot et entrerait dans le cadre habituel des droits et devoirs communs aux hommes. Il n'y a donc pas vraiment de raison de fonder une éthique des robots, car de deux choses l'une : soit ils sont des robots, et il n'y a pas d'éthique ; soit ils sont humains, et c'est la morale commune qui les régit.

Les deux premières questions sont donc réglées. Reste la troisième : qu'est-il permis de laisser faire aux robots ? Prenons, cher lecteur, l'exemple extrême : peut-on lui donner, comme dans James Bond, une *Licence to kill* ?

Les robots tueurs

On l'appelle SGR-A1. De jour comme de nuit, sur un rayon de quatre kilomètres, ce robot militaire décèle, grâce à son logiciel de dépistage, les mouvements d'un intrus. Enclenché à distance, cet automate de surveillance peut tirer lui-même, de façon indépendante, sur toute cible qui approche. Conçu par Samsung, il est équipé d'une mitrailleuse, d'un lance-grenades, de capteurs de chaleur, de caméras de détection infrarouge et d'une intelligence électronique. En septembre 2014, la Corée du Sud en a installé tout un réseau le long de la zone démilitarisée qui la sépare de la Corée du Nord, afin d'éviter d'envoyer des soldats dans des endroits isolés.

C'est peu dire qu'une telle arme intelligente et autonome inquiète. Depuis 2012, elle est régulièrement dénoncée par une coalition de plusieurs ONG coordonnée par *Human Rights Watch*, dans le cadre de la campagne internationale « Stop Killer Robots » (Arrêtez les robots tueurs). Le mouvement de protestation a été relancé à grand bruit en 2015 par une tribune signée par près de trois mille personnalités, dont des chercheurs en robotique, des scientifiques comme Stephen Hawking et des patrons des GAFA, comme Elon Musk ou Steve Wozniak, cofondateur d'Apple.

Comme toi, cher lecteur, horrifié par cette nouvelle, j'étais prêt à signer aussi sec la pétition. Mais en consultant des articles rédigés par certains des excellents penseurs que notre armée française a la chance d'avoir, j'ai été amené à changer d'avis[59].

59. *Drones et « killer robots ». Faut-il les interdire ?,* sous la direction de Ronan Doaré, Didier Danet et Gérard de Boisboissel, Presses universitaires de Rennes, 2015.
L'Éthique des armes, d'Alain Crémieux, Aegeus, 2006.

J'ai d'abord pris conscience que, comme souvent en matière d'éthique, le sujet n'est pas aussi nouveau qu'on le croit. Les armes « immorales » sont un vieux sujet. En 1139, au deuxième concile du Latran, l'usage de l'arbalète avait été interdit entre chrétiens (à l'époque, c'est à eux que se limitait le cercle des autrui). Il paraissait en effet inacceptable que de vilains piétons puissent abattre à distance de nobles chevaliers (il y avait donc de plus autrui que d'autres). Les yeux dans les yeux et l'épée à la main (ou dans les entrailles) : voilà ce que devait être la guerre, la vraie, la belle !

Jusqu'à nos jours, les tentatives d'interdiction se sont multipliées avec plus ou moins de succès – par exemple, pour l'arquebuse, le mousquet, puis, en 1899, le lancer d'explosifs depuis les ballons, ou encore (en 1918) les gaz asphyxiants, les mines antipersonnel ou les armes nucléaires. L'histoire montre qu'on qualifie souvent d'immorales les armes dont disposent les ennemis et pas nous…

L'analyse des spécialistes en stratégie m'a ensuite permis de considérer les choses d'un peu plus près. L'usage en autonomie du SGR-A1 est soumis, en Corée du Sud, à de strictes règles d'engagement. Il est installé dans un *no man's land* ultra sécurisé, c'est-à-dire une zone où, cher lecteur, ni toi ni moi ne sommes censés aller cueillir des champignons :

ici, toute personne qui circule est un ennemi. Mais ce n'est pas l'unique condition, car l'arme ne va pas se mettre à tirer toute seule pour un seul clampin qui, peut-être, pourrait chercher à fuir la très démocratique Corée du Nord. Non. Elle ne sera utilisée qu'en cas de « menace saturante ». Autrement dit, si dix mille soldats ennemis se pointent en même temps dans les radars de SGR-A1 ; alors, oui, le superviseur de l'arme pourra la passer en mode d'autonomie. La même analyse vaut pour les combats aériens dans une zone d'exclusion : des avions sans pilote y seront tactiquement plus performants avec moins de risques, y compris pour les populations au sol.

Au fond, cette robotisation du champ de bataille annonce une importante nouvelle : loin de mépriser la vie humaine, elle la protège, nous révélant au contraire la valeur considérable que celle-ci a acquise. Ni César, ni Gengis Khan, ni Napoléon, ni même le généralissime Nivelle ne l'avaient en tête quand ils regardaient leurs troupes avant la bataille. C'est fou ce que depuis une cinquantaine d'années les choses ont changé ! On souhaite aujourd'hui des combats où les cibles neutralisées sont en nombre limité, sans pertes propres ni dommages collatéraux. Par moralité ? Pas seulement. Certes, le cours de la vie humaine a augmenté, mais c'est aussi qu'une victoire militaire trop chèrement acquise est devenue une défaite médiatique et politique. D'ailleurs, le nombre de victimes des conflits armés ne cesse de baisser depuis 1945[60].

Par où l'on voit aussi que l'expression même de « robot tueur » est fallacieuse, car l'intention n'appartient jamais à la machine mais à l'humain. Ce qui me rappelle ce dessin paru après un de ces terribles massacres, hélas si fréquents, aux États-Unis, où les armes sont en vente libre. On y voyait un conseiller politique proposer cette idée géniale pour résoudre le problème, à savoir coller sur chaque arme un avertissement presque similaire à celui des paquets de cigarettes : « Tuer tue ! »

L'éthique dans un programme ?

Pour pouvoir permettre aux robots de décider en autonomie, il faudrait incorporer de l'éthique dans leur programme. Peut-on robotiser l'éthique ? C'est tout le défi des voitures autonomes. Imagine, cher lecteur, ce que sera, dans quelques années, l'achat

60. Il était de 89 000 en 2017. Par comparaison, le nombre de victimes d'homicides était de près de 500 000 et de victimes du terrorisme 19 000 (source ONU). https://www.un.org/fr/un75/new-era-conflict-and-violence#:~:text=En%202017%2C%20pr%C3%A8s%20d'un,000%20victimes%20d'attentats%20terroristes.

d'un véhicule. Le vendeur nous proposera le modèle et ses options : sièges en cuir ou en végétal ? Couleur fixe ou changeante ? Climatisation tempérée ou tropicale ? Morale kantienne ou éthique utilitariste ?

La question se pose dans l'éventualité de l'accident et elle a fait l'objet de nombreux débats savants : que faut-il préférer ? Le sacrifice du conducteur et ses passagers pour éviter une mère avec son bébé ? Doit-on privilégier à tout prix la limitation du nombre de victimes ou leur qualité : cinq hooligans ivres, d'un côté, et Léonard de Vinci, de l'autre ? Ce sont là des cas de conscience que l'on cherche aujourd'hui à intégrer dans le processus de décision des machines. La perspective de ces choix nous paraît *a priori* tellement terrifiante que l'on serait prêt à renoncer à notre achat. Oui, mais ce refus serait lui-même immoral, car on sait que les voitures autonomes feront baisser de manière considérable la mortalité sur les routes. Il n'y aura plus d'assoupissement ni de chauffards ; et fini les queues de poisson, les excès de vitesse et les bouchons… Nouveau cas de conscience. Mais rassurons-nous néanmoins : la robotisation de l'éthique n'est pas pour demain, car il faudrait que les raisonnements éthiques puissent être parfaitement formalisés, à partir de principes certains et de données à interprétation univoque. Or, nous avons vu que la fondation ultime de la morale est impossible. Pour le dire plus simplement, la vie humaine reste de l'ordre du tragique : il arrive parfois qu'il n'y ait pas une bonne et une mauvaise solutions, seulement deux mauvaises.

Quand les robots étaient les humains…

C'était il y a très longtemps, quasiment au début du monde. Deux catégories de dieux y résidaient. Les divinités de second ordre, les *Igigis*, travaillaient sous les ordres des dieux supérieurs et de leur roi, Enlil. Leur labeur était rude : ils devaient façonner les montagnes, creuser les lacs, remplir les océans, peindre les plantes, mais surtout nourrir les dieux de la haute, bref, du très gros œuvre ! Tellement pénible qu'un beau jour, les *Igigis* cessèrent le travail et brisèrent leurs outils. Le monde était figé et la nourriture bloquée ! Enlil menaça de les massacrer, mais son frère, Ea, voyant que cela ne résoudrait rien, préféra négocier. « Je comprends votre cause, camarades, leur dit-il en substance, vos conditions de travail sont harassantes ; voyons ensemble, de manière constructive, si nous pouvons trouver une solution et chacun pourra prendre ses responsabilités. » Au bout d'une longue nuit de concertation, une solution fut trouvée, acceptée même à l'unanimité. Il serait créé une sorte d'assistant chargé d'effectuer les tâches les plus pénibles et répétitives. Il fournirait aussi la nourriture à tous les dieux par ses sacrifices. Aussitôt dit, aussitôt fait : on prit de l'argile, y ajouta le sang d'un dieu inutile, immolé pour l'occasion (le dieu de la liberté !), et la déesse mère, Ninmah, acheva le boulot d'animation avec un bon crachat bien placé ! C'est ainsi que l'homme fut créé.

Cette histoire date du XVIIIe siècle *avant* J.-C ! Elle est relatée dans un des textes les plus anciens de l'histoire, rédigé en langue sémitique akkadienne, compilation des récits mythologiques de Mésopotamie[61]. On l'appelle le *Supersage* (*Atrahasis*), du nom du héros, archétype de Noé, qui sauvera l'humanité du déluge où Enlil voulut ensuite la noyer. Pourquoi ? Parce que ces humains trop nombreux faisaient trop de bruit et gênaient sa sieste. Là encore, son frère Ea se posera en médiateur et, pour sauver les humains de la colère divine et de l'extinction promise, il inventera la mort précoce, la maladie, la vieillesse, la génération : tout ce qui pourra abréger leur vie de labeur et limiter leurs bavardages…

Ces 1 200 vers gravés sur des tablettes d'argile du XVIIIe siècle avant notre ère (conservés au British Museum) nous renvoient à nos réflexions sur l'éthique des robots et les défis de l'IA. Mais à l'époque, les robots, c'étaient les humains. Note aussi, cher lecteur, que c'est par une grève que tout a commencé : vive la France !

---

61. Jean Bottéro, *La plus vieille religion. En Mésopotamie*, Gallimard « Folio », 1998.

5) La déesse Terre ou Dieu le père ?

On pourrait continuer longtemps à rechercher des autrui ailleurs que dans l'humanité, scruter l'univers avec un télescope moral, ou envoyer des missions spatiales en quête de signes éthiques, mais, je le dis d'emblée, ce serait vain. Car la vie morale n'est pas ailleurs, elle est en nous. Rousseau l'avait bien vu quand il disait : « Homme, ne cherche plus l'auteur du mal, cet auteur, c'est toi-même. Il n'existe point d'autre mal que celui que tu fais ou que tu souffres, et l'un et l'autre te vient de toi[62]. » À la différence de Rousseau, j'ajouterai volontiers qu'il en va de même du bien, parce que ni Dieu ni la nature ne sont des êtres moraux.

Prenons la nature. Michel Serres avait avancé, il y a quelques années, l'idée d'un « Contrat naturel[63] », concept qui permettait selon lui de mieux répondre aux impératifs de défense de l'environnement, car en considérant enfin la nature comme un sujet de droit et la Terre comme un autrui à part entière, on pourrait mieux la protéger. L'opération de transformer un objet en sujet semble délicate, mais Serres arguait que l'histoire nous montrait la voie. L'esclave n'a-t-il pas longtemps

62. *Émile* in *Œuvres*, *op. cit.*, p. 588.
63. *Le Contrat naturel*, GF, 2020.

été considéré comme un bien meuble, tout comme l'enfant ou l'embryon, avant qu'on les considère enfin comme des sujets ? Pourquoi n'en irait-il pas de même, non seulement avec les animaux, mais avec les végétaux et les minéraux, soit la Terre dans son ensemble ? Ce n'était, selon lui, qu'une affaire de temps et de prise de conscience. Car le vent de l'histoire soufflerait dans cette direction[64] !

Choquons la voile et remontons au vent, cher lecteur. Car cette idée de Contrat naturel a des conséquences si évidemment fâcheuses que le bon sens les repère d'emblée. Comment ne pas voir en effet que plus on donnera de droits à la nature, plus on en ôtera à l'homme ? Personnellement, si je désire être cultivé, je ne souhaite être ni labouré ni récolté. J'aurais beaucoup de réticence au fait qu'on trace sur ma peau des routes, des rails et canaux ; ou qu'on y construise des villes et des usines. De sorte que, en vertu de la règle d'or, si la nature est un autrui, je devrais renoncer à tout cela, puisque « je ne dois pas faire à autrui (ici la nature) ce que je ne voudrais pas qu'on me fît ». C'est une des graves lacunes de la notion d'écocide : que signifie exactement « tuer »

64. En 2017, la loi néo-zélandaise a reconnu le fleuve Whanganui comme personne vivante et indivisible. Il s'agissait d'inscrire dans le droit une croyance proverbiale des riverains maoris. Cf. Sacha Bourgeois-Gironde, *Être la rivière,* PUF, 2020.

la nature ? Quand commence le crime ? Lorsque je marche sur l'herbe, lorsque j'abats un arbre, lorsque je cueille une fleur ?

Par où l'on comprend sans peine qu'en posant un droit de la nature, on annihile les droits de l'homme. C'est d'ailleurs le projet explicite des principaux penseurs de la *Deep Ecology*, dont on a déjà parlé. Pour eux, les humains sont des prédateurs nuisibles qu'il faut éradiquer sans pitié. Marcel Gauchet avait résumé le projet par cette phrase : « Sous l'amour de la nature, la haine des hommes. » Luc Ferry avait, lui, parlé du « nouvel ordre écologique », dans lequel l'humanité n'avait plus guère de place. À vrai dire, elle n'a plus aucun droit, mais un seul devoir : disparaître !

Heureusement toute l'écologie, loin de là, n'est pas si radicale. Mais dans sa version la plus extrême, cette tendance aboutit à *l'hypothèse Gaïa*, chère à l'essayiste scientifique James Lovelock (né en 1919 et à ce jour toujours sur sa chère Gaïa). Chez lui, la Terre est tellement érigée en autrui qu'elle devient – si tu me permets – le seul autrui au monde.

« Le concept de la Terre mère ou Gaïa, ainsi que les Grecs la baptisèrent autrefois, est l'un des plus importants formulés par l'homme au cours de son histoire. Sur lui est fondée une croyance dont les grandes religions sont encore porteuses. L'accumulation d'informations relatives à l'environnement naturel et le développement de la science de l'écologie nous ont amenés à poser l'hypothèse selon laquelle la biosphère pourrait être plus que l'ensemble de tous les êtres vivants évoluant dans leur habitat naturel : terre, eau, air... Si nous faisons partie de Gaïa, il devient intéressant de se demander : "Dans quelle mesure notre intelligence collective fait-elle aussi partie de Gaïa ? Est-ce que, en tant qu'espèce, nous constituons un système nerveux gaïen et un cerveau capable d'anticiper consciemment les modifications de l'environnement ?" Que cela nous plaise ou non, nous commençons à fonctionner ainsi[65]. »

Dans cette hypothèse, l'homme cesse d'être un sujet pour devenir l'organe, le neurone d'une entité supérieure à la conscience de laquelle il participe à son insu. Mais bientôt viendra le temps béni où, réconcilié avec sa mère nourricière, il se fondra enfin dans le Grand Tout.

---

65. James Lovelock (1979), *La Terre est un être vivant. L'hypothèse Gaïa*, trad. fr., GF, 2017.

« L'évolution de l'*Homo sapiens*, avec son inventivité technologique et son réseau de communication de plus en plus subtil, a considérablement accru le champ de perception de Gaïa. Grâce à nous, elle est désormais éveillée et consciente d'elle-même. Elle a vu le reflet de son beau visage à travers les yeux des astronautes et des caméras de télévision des vaisseaux spatiaux en orbite. Il ne fait aucun doute qu'elle partage notre sentiment d'émerveillement et de plaisir, notre capacité à penser et à spéculer de manière consciente et notre curiosité insatiable. Cette nouvelle relation entre l'homme et Gaïa n'est pas encore pleinement établie. Nous ne sommes pas encore une espèce vraiment collective, enfermée et domptée, partie intégrante de la biosphère, comme nous le sommes en tant que créatures individuelles. Il se peut cependant que la destinée de l'humanité soit d'être apprivoisée de sorte que les forces féroces, destructrices et cupides, du tribalisme et du nationalisme, se fondent en un besoin impérieux d'appartenir à la communauté de toutes les créatures qui constituent Gaïa[66]. »

De cette déesse mère à dieu le père, il n'y a qu'un pas. Franchissons-le. Serait-il un candidat acceptable ? Pour qu'il soit un autrui, il faudrait deux

66. *Ibid.*

conditions : 1) qu'il existe et 2) que je puisse lui nuire ou lui faire du bien. S'il existe, comment pourrais-je lui nuire, lui qui est omniscient, omnipotent et éternel ? Comment lui faire du bien, lui qui est parfait ? Et s'il n'existe pas…

Le problème serait réglé, s'il ne restait pas un cas épineux : celui du « blasphème », qui est une injure envers Dieu, et que toutes les religions considèrent comme un crime grave, voire un péché mortel. Qu'on soit croyant ou athée, le blasphème est difficile à comprendre. Peut-on sérieusement imaginer que Dieu, entendant une injure à son égard, se mette à crier : « C'est à moi que tu parles ? Allez ! Monte un peu pour voir ! » ? Et cet humain, qui hurlerait à Dieu qu'il n'existe pas, aurait plutôt des questions à se poser sur lui que sur Dieu. Non ! En vérité, le blasphème ne touche pas Dieu, mais certains croyants qui s'estiment offensés. On peut le comprendre, car il y a parfois des offenses gratuites, inutiles ou choquantes. Mais aussi forte que soit l'offense, elle ne confère pas le droit de tuer l'offenseur. Le projet terroriste de « venger Dieu » est aussi criminel que délirant. Criminel, car, comme l'affirmaient les Romains : « Les offenses commises vis-à-vis des dieux sont l'affaire des dieux » (*Deorum injuriae diis curae*). Délirant, car, comme le disent souvent ces mêmes dieux (ou *Charlie* leur prophète) : « C'est dur d'être aimé par des cons ! »

C'est pourquoi le blasphème est peut-être un péché, une faute morale ou une impolitesse, mais il n'est pas, dans un État laïque, un délit. Car une offense n'est pas un préjudice[67].

Le préjudice concerne des dommages causés délibérément à des personnes physiques concrètes. C'est pourquoi on ne peut pas nuire à Dieu, à la patrie, à des valeurs, aux morts, aux générations futures. Mais on peut offenser ceux qui croient en Dieu, aiment leur patrie, respectent leurs morts et se soucient des générations futures. Est-ce une raison suffisante pour interdire ou sanctionner les offenses ? Non, car le désagrément, la contrariété, l'agacement, la colère éprouvée, le sentiment d'humiliation sont comme les voisins : il faut bien vivre avec ! Sauf s'ils passent les bornes et nuisent objectivement – bruit quantifiable, empiètement de terrain, dégradation... On bascule alors dans le préjudice et le domaine de la loi. Mais, les offenses ? Même l'Évangile nous demande de les pardonner...

Entre l'offense et le préjudice, il y a l'*outrage* qui est, dans le droit, une offense grave à l'égard d'une personne concrète, mais aussi et surtout de la

67. Distinction défendue avec talent par Ruwen Ogien. J'y apporte néanmoins une nuance.

fonction qu'elle incarne : c'est l'agent de police, le magistrat, le chef d'État et, depuis peu, le maire, qui sont des dépositaires de l'autorité publique. En les outrageant, on porte atteinte à la vie commune. Ce pourquoi il est capital qu'eux-mêmes restent polis et exemplaires.

Offense, outrage, préjudice : tous ces termes, pourtant clairs, sont aujourd'hui constamment confondus. À la moindre contradiction, chacun tend à se sentir offensé et, comme c'est désagréable, y voit un préjudice qui nuit gravement à sa santé ! La réaction est alors disproportionnée : une action en justice, un geste violent ou une campagne de délation sur les réseaux sociaux.

Voulons-nous vraiment vivre dans un univers cocon, *save space*, d'où toute forme d'injure, de mépris, de désaccord... serait exclue ? Mais quel ennui, mon ami ! Il transformerait les humains en simple matière à choquer, en victimes potentielles, inaptes à supporter l'altérité. À quoi bon la morale, si autrui est pareil que moi ? Plus grave encore, au nom de la lutte contre le désaccord et l'offense, on installe une nouvelle censure qui constitue, elle, un véritable préjudice, avec, au bout du compte, la dissolution de la moralité dans l'ordre moral.

6) Trop d'autrui ?

Je résume : jusqu'à preuve du contraire, les autrui ce sont les personnes humaines, toutes les personnes humaines, mais seulement les personnes humaines. Ni les animaux, ni les végétaux, ni les robots, ni les idées, ni Dieu le père, ni la déesse Terre ne sont des autrui. Cela n'empêche pas de les prendre en considération. Au contraire : c'est parce qu'il y a des humains plus ou moins responsables qu'ils peuvent, au choix, les protéger, les préserver, les fabriquer ou leur vouer un culte. Si l'humain est au centre de la morale, c'est parce que lui seul peut se décentrer (ou pas).

Donc les autrui sont les humains et cela suffit amplement. Car ils sont nombreux les bougres. Peut-être même trop ! Et voici la bombe D : D pour démographie ! Tel est le cataclysme qui nous pend au nez si jamais nous survivons à la canicule climatique, au grand hiver nucléaire et à l'enfer financier... Trop de monde, c'est trop d'autrui ! Pas seulement parce qu'il y aura moins de place ou plus de rareté, mais aussi et surtout parce qu'il y aura davantage de différences et de contacts, donc plus de frottage et plus de conflits... Trop de voisins, trop de prochains, en quelque sorte.

En 1979, Paul Ehrlich annonçait son explosion imminente : la population mondiale, selon lui, était vouée à croître sans fin, comme on voit un adolescent grandir d'un seul coup, tout bouffer dans le frigo, et se cogner partout en prononçant des mots étranges... Mais voilà : l'adolescence ne dure qu'un temps et jeunesse se passe.

C'est la dernière bonne nouvelle : la bombe a été désamorcée ! La population mondiale va décroître, du fait même de la croissance économique. Car l'amélioration de la situation des pays émergents conduit à l'amélioration de l'éducation des femmes, à l'attention portée à l'enfant et la maîtrise de la procréation. Résultat : moins d'enfants, mais en meilleure santé et mieux éduqués. C'est ce qu'on appelle la « transition démographique », qui est désormais un phénomène mondial, après avoir été limité à l'Occident. Dans les années 1975-1980, la fécondité était de 3,9 enfants par femme ; elle est aujourd'hui de 2,4 et devrait être à 2, selon les prévisions, d'ici la fin du siècle. Du coup, la décroissance démographique est annoncée. Les scénarios varient sur les dates et les masses : pour certains, le pic sera atteint en 2100 à 11 milliards d'humains (Onu), pour d'autres, en 2065 avec 9,7 milliards (IHME, *Institute for Health Metrics and Evaluation*).

Il nous faut donc tenir le coup pendant encore cinquante à quatre-vingts ans, durant lesquels il ne va pas être facile de vivre ensemble. Tu me permettras, cher lecteur, d'écarter d'emblée deux solutions possibles, mais pour le moins « discutables », y compris en terme d'efficacité : tuer tous les vieux et arrêter de faire des enfants.

Car le problème n'est pas de réduire la population humaine, mais de cohabiter dans ce monde complexe et changeant, tous ces autrui ne disposant plus, comme jadis, d'un grand récit commun leur permettant d'en comprendre d'emblée la signification et la direction. Le sens comme la maîtrise de ce que nous éprouvons au quotidien nous échappe. Noyés dans un flux aveugle d'informations, nous errons souvent sans carte ni boussole.

Ce désarroi est pour beaucoup dans le succès de deux schémas d'explication globale : le complot et la guerre. Grâce à eux, sans effort et à moindre coût, on peut expliquer... TOUT. Ils offrent des grilles universelles. Des deux, le complot est le plus performant. Pour lui, tout se ramène à un projet maléfique, ourdi dans l'ombre, par un *diabolus ex machina*, en général représenté par les juifs francs-maçons extra-terrestres de la CIA. Et si, d'aventure, on ose émettre le moindre doute, on est naïf ; si on insiste, on est complice. D'ailleurs, pour un complotiste, quand les preuves font défaut, cela confirme le complot en en révélant la puissance. D'où la surinterprétation des petits signes et indices que les comploteurs ont laissé ici ou là. Le goût de la conspiration relève du dopage intellectuel ; ou comment augmenter artificiellement – et sans trop bosser – sa capacité à comprendre le monde ? Bien sûr, des conspirations ont existé, et, comme dit Woody Allen : « Même le paranoïaque peut avoir des ennemis. » Simplement, la paranoïa, comme son nom l'indique est ce qui est à côté de la connaissance (para-noïa), tandis que le paranoïaque est, lui, à côté de ses pompes en réduisant tous les événements du monde à une unique intention mauvaise. Si seulement c'était aussi simple !

Le scénario de la guerre est un peu plus exigeant, mais lui aussi offre une vision binaire de l'histoire en cours : d'un côté, il y a les méchants, de l'autre les gentils ; et tout s'explique par leur combat sans merci. En un sens, il marque le triomphe de la morale : toute l'histoire se résume en une opposition entre Bien et Mal.

Aujourd'hui, notre panier est bien rempli, car se dessinent sous nos yeux quatre guerres simultanées. Il y a la lutte des classes, qui n'a toujours pas conclu son traité de paix. La lutte des races, qu'on pensait derrière nous, fait un retour remarqué. La guerre des sexes a pris une ampleur démesurée. Enfin, le conflit des générations a été récemment relancé par une formule – « OK boomer ! » – et une icône – Greta Thunberg.

Si tu as encore la force de me suivre, cher lecteur, tu peux le faire sans crainte, car ces quatre guerres n'auront pas lieu…

7) Ces quatre guerres qui n'auront pas lieu

Lutte des classes

Dans la lutte des classes, les méchants, ce sont les riches bourgeois ; les gentils, les pauvres prolétaires. Bien que penseur génial, Marx a commis deux erreurs qui affaiblissent son édifice. Il n'a pas vu que, dans la lutte entre le prolétaire et le bourgeois, le premier souhait du prolétaire n'était pas d'égorger le bourgeois, mais d'en devenir un lui-même. Et il n'a pas imaginé que le bourgeois puisse améliorer la condition ouvrière autant par philanthropie que par intérêt, pour rendre le travail plus performant, la consommation plus intensive et, donc, le profit plus… profitable. À Marx, je préfère donc Victor Hugo qui a tout dit dans ses *Misérables* (1862). « Premier problème : produire la richesse, y écrivait-il. Deuxième problème : la répartir. Le premier problème contient la question du travail. Le deuxième contient la question du salaire. Dans le premier problème il s'agit de l'emploi des forces. Dans le second de la distribution des jouissances. Du bon emploi des forces résulte la puissance publique. De la bonne distribution des jouissances résulte le bonheur individuel. Par bonne distribution, il faut entendre non distribution égale, mais distribution équitable. La première égalité, c'est l'équité. De ces deux choses combinées, puissance publique au dehors, bonheur individuel au dedans, résulte la prospérité sociale. Prospérité sociale, cela veut dire l'homme heureux, le citoyen libre, la nation grande. »

J'aimerais citer en entier ce texte grandiose où Hugo oppose capitalisme et communisme. Le premier – à son époque, l'Angleterre – produit sans répartir tandis que le second – en son temps, la loi agraire – répartit sans produire. L'un et l'autre ont pourtant un résultat commun : la destruction de la société. Car c'est l'appât immodéré du gain, tout autant que la passion frénétique de l'égalité, qui met à mal la vie commune. Le premier installe la concurrence à tous les niveaux ; la seconde instille l'envie, la jalousie et le ressentiment à tous les étages. Plus rien, dans ce contexte, ne peut grandir : ni l'individu ni le collectif. D'un côté l'indifférence totale ; de l'autre l'indignation permanente.

Pour sortir de ce cycle infernal, il faut admettre qu'il existe des « inégalités justes » ou encore équitables. La formule paraît contredire la promesse démocratique, elle est pourtant la seule condition de sa réalisation. Le philosophe John Rawls en a donné une formulation limpide avec son principe dit du « maximin ». Pour lui, les inégalités sont justes quand, dans un État de droit et une situation d'égalité des chances, elles profitent aux plus défavorisés. Ainsi, peu importe que les riches deviennent de plus en plus riches si, dans le même temps, les pauvres deviennent de moins en moins pauvres.

C'est ce qui rend la croissance si nécessaire, et la décroissance si périlleuse. Car loin de favoriser la justice, la sobre frugalité – tant louée de nos jours – ne ferait qu'augmenter les raretés et *ipso facto* les conflits. Cela vaut autant au niveau national que mondial. Et c'est ce qui s'est passé durant les soixante dernières années : les inégalités de revenus ont explosé tandis que la misère du monde a reculé. Comme dit le prix Nobel d'économie Angus Deaton, nous avons vécu la « grande évasion[68] » de la prison de la misère. Faut-il s'en réjouir ? Oui ! Faut-il s'en satisfaire ? Non ! Car le nombre de prisonniers ou de repris d'injustice reste

68. *La Grande Évasion : santé, richesse et origine des inégalités*, trad. fr., PUF, 2016.

scandaleux ; car la pauvreté est une hydre dont les innombrables têtes sont d'une hideur toujours inédite.

Mais faut-il en tirer que la haine des riches est juste ? Non, parce qu'elle est une impasse politique et sociale. Elle est l'instrument qu'utilisent les « dégagistes » pour prendre la place des dégagés… avant d'être eux-mêmes dégagés. Elle est surtout un délire de toute-puissance qui fait croire que l'abolition des riches aidera magiquement les pauvres. Supprimons par décret les 1 % les plus riches du monde : et alors ? Il restera les 5 %, les 10 %, les 20 %, et tous ceux qui ont plus que nous. Supprimons-les et nous resterons seuls dans un monde enfin juste mais vide. La haine des riches cache donc l'attrait du pouvoir et le rêve secret de toute-puissance. Quoi de plus normal, dira-t-on, à l'âge de la démocratie, qui promet à chacun la maîtrise de son destin ? Mais c'est là un horizon à atteindre, car il faut aussi, dans la vie privée comme publique, « faire avec » les autrui et le réel. Cet esprit de responsabilité est l'exact contraire de la haine, et tellement exigeant !

Guerre des sexes

Dans la guerre des sexes, les gentils ce sont les femmes, victimes et vengeresses, tandis que les méchants sont les hommes, oppresseurs et prédateurs. Pourtant, force est de constater que du système patriarcal légal, il ne reste rien – pour ce qui est de l'Europe s'entend. Il a été totalement démantelé en cinquante ans. Durant cette période, légalement et socialement, la condition de la femme a davantage changé en Occident qu'au cours des millénaires antérieurs. Affranchie des servitudes immémoriales liées à la procréation et à la famille, exerçant toutes les activités professionnelles, elle a battu en brèche toutes les citadelles masculines. Alors qu'elle fut toujours considérée comme « mineure », la femme est définitivement devenue une adulte comme un autre, une « majeure » à part entière.

Les deux principaux moteurs de ce changement furent, outre le militantisme des grandes figures du féminisme, le capitalisme et l'État providence. Le premier, en ouvrant l'accès des femmes à l'emploi salarié, leur a permis de se rendre indépendantes des familles traditionnelles, même si ce fut au risque d'une extrême précarité. Et le second les a rendues moins vulnérables face à des trajectoires de vie qu'elles pouvaient librement mener hors de la « chaleureuse » solidarité familiale. Congé maternité, temps de travail, école obligatoire, congés payés, assurance maladie, chômage, retraite, etc. : tous ces acquis sociaux ont permis aux femmes une émancipation sans précédent. Les deux guerres mondiales ont aussi joué dans ce processus le rôle d'accélérateur en contraignant les femmes à tout faire pendant que les hommes faisaient le reste : au front. Cette étape de la « révolution du féminin » est achevée. La question qui se pose aujourd'hui est de savoir si le patriarcat, détruit « dans les textes », ne reste pas présent « dans les têtes », d'où il faudrait l'éradiquer. Par où l'on passe du combat féministe à celui du « néo-féminisme ».

Cette nouvelle guerre est, à vrai dire, plutôt un conflit interne au féminisme dans lequel les hommes n'ont guère droit au chapitre. Je suis donc un peu audacieux, cher lecteur, d'oser y mettre mon grain de sel, en tremblant d'être accusé de *mansplaining* [69].

Ce nouveau conflit oppose trois types de féminisme.

Il y a d'abord le féminisme égalitaire (ou républicain), héritier de la première révolution, qui entend achever la conquête des positions masculines. Après l'égalité des droits, il s'agit d'accéder à l'égalité réelle des fonctions, des salaires, des responsabilités, des places et des pouvoirs. À bas le plafond de verre !

Vient ensuite le féminisme identitaire (ou différentialiste), qui insiste moins sur l'égalité que sur les différences en promouvant l'idée d'une nature

69. Quand les hommes se croient tenus de faire la leçon aux femmes sur des sujets que celles-ci ont déjà compris.

féminine radicalement distincte de la masculine. Plus portée au soin (*care*) qu'à la domination, à la pacification qu'à l'esprit guerrier, à l'écologie qu'à la production, à l'épanouissement qu'à la performance, la femme serait l'avenir « empathique » de l'humanité. Il s'agit là en fait d'un machisme inversé, car là où le macho voyait le signe de l'infériorité de la femme, ce courant y voit la preuve de sa supériorité. Au fond, il y aurait chez l'homme et chez la femme deux éthiques irréconciliables : celle de l'homme serait abstraite, nourrie par les grands principes, c'est l'éthique du devoir ; celle de la femme serait concrète et attentive au quotidien, c'est l'éthique du *care*, trop longtemps dévalorisée. Revanche, voire vengeance du féminin !

La troisième position est celle du féminisme *queer* (trouble ou post-genre), qui considère que les identités sexuées, masculine et féminine, sont des constructions sociales aliénantes qu'il convient de dépasser pour accéder enfin à la véritable liberté individuelle. On ne naît pas femme, et on ne doit surtout pas le devenir ! Pas plus qu'homme d'ailleurs. Il faut donc d'urgence déconstruire ces stéréotypes archaïques qui nous empêchent d'être nous-mêmes. D'où l'éloge du neutre, d'où le reconditionnement éducatif (qui passe, par exemple, par le « dégenrement » des cours de récréation)… l'idéal étant, au bout de la lutte, de parvenir à une société sans genre, tout comme Marx espérait une société sans classe. Dissolution du féminin ET du masculin !

Ces trois féminismes se sont affrontés sur l'affaire Weinstein. Le premier en appelant à la vigilance sur le harcèlement sexuel ; le deuxième en identifiant tout homme à un prédateur sexuel et toute femme, à une victime ; le troisième en considérant la sexualité comme une méchante ruse de genre qu'il vaudrait mieux abolir. Chacun jugera. À mes yeux, l'inconvénient principal des deux dernières positions est qu'elles tendent à considérer que la femme n'est pas un autrui comme un autre, mais d'une espèce radicalement différente de la masculine. De sorte que l'épuisement heureux de l'inégalité entre les sexes ouvrirait sur un autre destin moins joyeux : celui d'une terrible solitude où femmes et hommes s'enfermeront à force de ne plus se comprendre. La solitude, c'est souvent le principal résultat d'une guerre…

Lutte des races

Dans la lutte des races, normalement, les gentils sont les races supérieures ; et les méchants les races inférieures ou, pire, les sangs mêlés et les impurs. Mais les choses ont changé : aujourd'hui, les méchants sont les racistes et les gentils, les antiracistes. Simplement il arrive parfois que les antiracistes se prennent les pieds dans leur tapis en faisant l'éloge de cette race qu'ils souhaitaient abolir... Cela vient du fait que le racisme n'est pas un concept aisé à définir. On l'associe généralement à la haine de l'autre, mais c'est beaucoup plus grave. Car le raciste nie que lui et autrui appartiennent à la même humanité. Pour lui, ni l'individu particulier ni le genre humain n'existent vraiment : il n'y a que des castes, des entités ou identités closes sur elles-mêmes, rigidement définies, vouées soit à la guerre, soit au mépris, soit à l'indifférence. Est raciste, au sens étroit, quiconque réduit un individu aux caractéristiques réputées de sa race. Le juif est avare ; l'Arabe voleur ; le Noir paresseux, mais rapide à la course... Est raciste, au sens large, quiconque enferme quelqu'un dans une catégorie (même au-delà de la race) en lui déniant tout capacité d'en sortir. La femme est douce, le Parisien détestable, le philosophe incompréhensible, l'énarque technocrate (ou l'inverse)...

Lee Kuan Yew, fondateur de Singapour, était raciste et ne s'en cachait pas : il n'hésitait pas à affirmer que sa longue expérience lui avait montré que les Asiatiques étaient, dans tous les domaines, supérieurs aux Blancs, eux-mêmes supérieurs aux Malais. La conséquence qu'il en tirait n'était pourtant pas haineuse. Pour lui, il fallait aider les Malais de

Singapour par une politique d'incitation active afin de garantir leur intégration et la paix sociale[70]. Voilà un racisme « sympa », qui n'en reste pas moins un racisme. Par où l'on touche la diversité considérable des formes de racisme : il peut être négatif (« youpin ; sale nègre ; bougnoule... ») ou positif (« qu'est-ce qu'on s'amuse dans les fêtes black ! ») ; théorique (à prétention « scientifique ») ou pratique (avec passage à l'acte). Il peut porter sur soi (« je suis comme ça, c'est à prendre ou à laisser ») ou sur les autres (« personne ne me comprend ! »)... et, surtout, il peut être « antiraciste ». Une formule comme celle-ci, « tous les Blancs sont racistes ! », est évidemment un parfait exemple de racisme.

On pensait que le scénario de la lutte des races était un horrible souvenir, un mal contre lequel la détestation du nazisme nous avait définitivement immunisés. Ce n'est hélas pas le cas. L'importation sans esprit critique des débats américains nous replonge dans ce cauchemar. Mais nous n'avons pas à nous sentir coupables du péché originel de la démocratie américaine. Quel péché ? Celui de n'avoir pas tranché, dans sa Constitution de 1787, la question de savoir qui était vraiment citoyen. À l'époque, tous

70. Voir les textes cités in Murat Lama, in *Singapour, Lee Kuan Yew et le renouveau de la Chine*, Les Belles Lettres, 2016.

les hommes sont certes déclarés égaux, mais certains sont exclus de la citoyenneté, et donc de l'égalité : les Indiens, parce qu'on ne leur demande pas d'impôts (quelle générosité !), et ceux qui, en plus des hommes libres, sont des « autres personnes ». Voici le texte (article 1, section 2) :

« La Chambre des représentants sera composée de membres choisis tous les deux ans par le peuple des différents États [...]. Les représentants et les impôts indirects seront répartis entre les différents États qui pourront faire partie de cette Union, proportionnellement au nombre de leurs habitants, déterminé en ajoutant le nombre total des personnes libres – y compris celles qui se sont louées pour un nombre d'années déterminé, mais à l'exclusion des Indiens, non soumis à l'impôt – et trois cinquièmes de *toutes les autres personnes*[71]. »

On voit ainsi que non seulement l'esclavage est admis (« toutes les autres personnes ! »), mais que les États disposant d'un cheptel humain important sont favorisés par cette clause. Quel exploit ! Réussir à intégrer l'esclavage dans la Constitution sans jamais le nommer ! La guerre de Sécession sera la vraie guerre d'indépendance des Noirs, même s'il leur

71. Cf. Bernard Cottret, *La Révolution américaine*, Perrin, 2003, p. 320 sq.

restera encore un très long chemin à parcourir avant d'obtenir les droits civiques complets.

Cette situation n'est pas celle de la France. L'esclavage a été aboli (laborieusement, mais clairement) par deux Républiques (1794 et 1848) ! Il y eut certes l'histoire coloniale animée autant par la volonté de puissance nationale que par l'intention coupable d'éduquer des peuples prétendus « enfants » ou, comme l'ont dit Jules Ferry et Léon Blum, « civiliser les races inférieures ». Mais « race » signifiait alors « peuple », car ni Ferry ni Blum ne niaient l'appartenance à une humanité commune. Cela n'excuse en rien le colonialisme, comme la voix juste de Clémenceau a su le rappeler. Mais pourquoi vouloir aujourd'hui effacer cette histoire avant et au lieu de la comprendre ? Son résultat est pourtant là : « La France est une république indivisible, laïque, démocratique et sociale. Elle assure l'égalité devant la loi de tous les citoyens sans distinction de race, d'origine ou de religion. » C'est assez clair, non ? En 2018, l'Assemblée nationale choisit de supprimer le mot *race* de la Constitution pour lui substituer celui de sexe (au lieu simplement d'ajouter ce dernier) en oubliant, sans doute, que ce terme avait été mis là pour disqualifier le racisme, après l'épisode nazi, et non pour en faire la promotion. Résultat : expulsée par la porte constitutionnelle, la race est revenue par la lucarne médiatique avec les indigénistes, les camps décoloniaux (interdits au Blancs) et autres adeptes des coups d'éclat markethiques. Ceux-ci comprendront-ils un jour qu'être antiraciste ne consiste pas à pratiquer un apartheid inversé ? On en doute. Est-ce si grave ? Peut-être pas, car cette guerre de surface, terriblement agaçante, n'est alimentée que par la haine d'une poignée de militants en panne de cause qui trouveront toujours une mauvaise raison pour détester la vie commune. Ce sont les irrécupérables…

Guerre des générations

Dans la guerre des générations, où sont les gentils et qui sont les méchants ? Cela dépend, car tous les âges ont de bonnes raisons de se sentir agressés par tous les autres : les jeunes voient s'accroître obstacles et embûches à leur entrée « dans la carrière » ; les vieux, obsolètes professionnellement de plus en plus tôt, sont ensuite abandonnés dans des mouroirs quand les fleurs de l'âge sont fanées ; sur les épaules et le travail des adultes actifs repose tout le poids de l'éducation des jeunes comme des retraites des vieux. À chaque étape de sa vie, on pourrait donc reprocher aux autres ses difficultés. De sorte que, dans cette guerre, les fronts devraient être innombrables et les batailles impitoyables. Or que voit-on, au contraire ?

Que partout l'intergénérationnel est une valeur plébiscitée : les vieux pensent aux jeunes ; les jeunes aux vieux ; les adultes actifs font leur boulot sans trop rechigner. La transmission est une valeur cardinale. C'est d'autant plus surprenant que notre société est réputée individualiste, voire égoïste. Mais voilà : un individu, ça ne se fabrique pas tout seul ! Il a besoin des adultes pour se construire et, un fois construit, il a besoin d'aider les autres pour donner du sens à sa vie. En fait, l'intergénérationnel ne s'est jamais aussi bien porté qu'aujourd'hui, et l'inquiétude à son égard montre combien on y tient. C'est plutôt l'insouciance qui serait inquiétante.

Cela n'empêche nullement le succès du scénario de la *guerre des générations*. On parle de fracture numérique, de génération Y ou Z. On crache : « OK boomer » à la face de cette cohorte qui aurait sciemment (?) réchauffé la planète en polluant tout. On déteste les Ehpad devenus symboles d'une vieillesse reléguée…

Mais tout cela relève de l'écume du réel, dicté par des schémas simplistes.

Il n'y a pas de vieillesse délaissée et ennemie. En vérité, aucune époque humaine n'a autant investi en faveur de l'espérance de vie de ces personnes âgées, réputées inutiles. Certes, il y eut l'épisode de la canicule 2003, avec le sentiment d'abandon des vieux dans les touffeurs de l'été. Mais quelle crise politique ensuite ! Certes, il y eut l'oubli des Ehpad dans la gestion de la crise Covid-19, mais aussi, très vite, des voix pour reprocher d'avoir tout sacrifié (l'économie et la jeunesse) pour la vieillesse… Où est la guerre ?

Il n'y a pas de fracture numérique, car c'est l'ensemble de la société qui, avec une incroyable célérité, a franchi le pas de l'ordinateur et de l'Internet toutes générations confondues, y compris les plus anciennes. Les fractures qui demeurent en la matière ne sont pas générationnelles, elles sont sociales ou régionales.

Il n'y a pas de génération Y, il y a juste une jeunesse plus longue avec une sortie de l'enfance plus précoce et une entrée dans l'âge adulte plus tardive. Un indice ? Le meilleur portrait de la supposée génération Y (ou Z, ou X, ou A'…) a été dressé par Aristote dans sa *Rhétorique*. Il la voyait déjà insolente, exaltée, désordonnée, empathique, naïve, pressée, audacieuse, ingrate… Depuis on n'a jamais fait mieux. Et depuis, il faut toujours que jeunesse se passe ; cela dure juste un peu plus longtemps.

Il n'y a pas non plus de génération coupable d'indifférence écologique. Là encore, c'est l'ensemble de la société qui a pris conscience, collectivement et très rapidement, des enjeux et des défis environnementaux. D'ailleurs, pour quelques icônes éco-jeunes, combien de vieux militants rouges, roses ou bruns, devenus opportunément verts avec l'âge ? En fait, la préoccupation environnementale réunit davantage qu'elle ne divise. Le souci des générations futures, le constat inquiet de la disparition du « monde d'hier », celui de la France rurale et des campagnes, le caractère abstrait de notre nouveau rapport à la nature, l'effroi devant le consumérisme addictif… ce sont là des craintes partagées, non des motifs de guerre. C'est ce que ne comprennent pas les collapsologues et autres prophètes de l'apocalypse. Les mêmes d'ailleurs qui prônent de renoncer à faire des générations futures….

Ces quatre guerres sont des chimères qui parfois masquent d'autres conflits, eux bien réels, mais plus localisés, car l'univers démocratique, en dépit de toutes les mauvaises nouvelles (que je ne nie nullement), est pacifié comme rarement l'humanité dans son histoire. Ces quatre guerres sont, de plus, combinables en dessinant la figure de l'Ennemi Absolu : *le vieux mâle blanc bourgeois*.

Tiens ! C'est mon portrait craché !

À toi de voir, cher lecteur, si c'est seulement pour cette raison que je les dénonce, ou si tu as trouvé en me lisant un certain nombre de bons arguments pour toi aussi les refuser.

Leur conséquence la plus fâcheuse est qu'avec elles, les ennemis sont partout et les autrui nulle part. Si on les suivait, la réponse à la question « qui est autrui ? » serait simple : personne ! Il n'y a que MOI, mon identité, mon indignation, mon désir de toute-puissance, ma haine de l'altérité… L'éthique laisse alors la place au *moralisme* : cette confortable et inébranlable certitude d'être, avec les siens, dans le camp du BIEN.

Il y a bien assez de conflits dans ce monde pour qu'on cède au schéma de ces guerres aussi totales que totalement chimériques. Y croire, c'est aggraver la fracture du Je-Nous, au lieu d'espérer la réduire dans l'avenir.

8) Frères humains qui après nous vivez…

Comme toi, cher lecteur, il m'arrive d'aller dans des toilettes publiques. Et souvent, quand elles sont bien tenues, on peut y voir une affiche enjoignant le visiteur à les laisser propres. Mais parfois les formules sont plus élaborées. On nous demande de laisser les lieux « aussi propres qu'on les a trouvés » ou, plus exigeant, « dans l'état où nous aurions souhaité les trouver en entrant ».

Mettons la planète à la place des commodités et les générations, à celle des usagers, et nous obtenons deux modèles distincts de justice intergénérationnelle, avec l'arrivée d'un nouveau et ultime candidat au statut d'autrui : les humains de demain[72].

• Le premier modèle est dit *suffisantiste* : il faut laisser le monde dans un état suffisamment bon pour que les générations futures puissent y vivre et y conduire leur destin à leur guise.

• Le second est dit *réciprociste* : s'il faut laisser aux générations futures la planète en bon état, c'est que nous-mêmes avons pu bénéficier d'une situation favorable grâce aux générations passées. Nous devons donc agir pour les générations ultérieures comme les générations antérieures pour nous, en nous laissant un environnement sain. C'est ainsi qu'il faut comprendre le fameux dicton indien, quelque peu ressassé, selon lequel il faut « bien traiter la Terre. Elle ne vous fut pas donnée par vos parents, mais prêtée par vos enfants. Nous n'héritons pas de la terre de nos ancêtres ; nous l'empruntons à nos enfants. » Les générations actuelles n'ont donc jamais que l'usufruit de la planète, la nue propriété revenant toujours à la génération à venir, et ce à l'infini... jusqu'à la fin du monde.

Suffisantisme et *réciprocisme* sont moins clairs qu'il n'y paraît. Le *suffisantiste* supposerait que l'on s'accorde sur la définition du « suffisant », alors

72. Cf. Axel Gosseries, *Penser la justice entre générations – De l'affaire Perruche à la réforme des retraites*, Aubier Alto, 2004.

même qu'on ne sait presque rien des conditions dans lesquelles la génération future entendra conduire sa vie. Le *réciprocisme* semble, lui, plus rigoureux, mais il exigerait d'établir un calcul strict de la dette accumulée par une génération à l'égard de la précédente afin qu'on puisse comptabiliser ce que celle-ci doit laisser à la suivante. Le nombre de facteurs à prendre en compte risque fort de rendre cette tâche impossible, d'autant que les aléas de l'histoire rendent les situations incomparables.

L'idée de justice intergénérationnelle n'est donc qu'une métaphore pour désigner une *responsabilité intergénérationnelle*. Celle-ci ne se fonde pas sur la culpabilité ni sur le partage juste de biens rares, mais sur un souci de l'avenir qui s'ancre dans le fait que les générations futures sont déjà présentes en nos propres enfants. C'est là, dira-t-on, une préoccupation bien privée, étroite et mesquine. En réalité, elle porte en elle un horizon beaucoup plus vaste. Car, de proche en proche, en partant de nos enfants, nous trouvons le monde de demain, sa situation géopolitique, sa prospérité, sa beauté, sa « soutenabilité », bref, tout ce qui, au-delà du cercle étroit de notre foyer, permettra de le rendre vivable. Ce souci concerne la possibilité que nos enfants aient des enfants, et eux-mêmes des enfants ; et que tous puissent vivre dans un monde où ils seront à même de faire leurs choix, sans qu'il y ait trop de conflits, de menaces ni d'indignité. C'est cette responsabilité de nos actes pour les générations futures qui doit guider notre action plus que la justice ou la culpabilité. D'ailleurs, Aristote, réputé pour être le premier théoricien de la « responsabilité », utilisait pour la concevoir le modèle de la parentalité : « un homme, écrivait-il, doit être responsable (c'est-à-dire « principe et générateur ») de ses actes, comme il l'est de ses enfants[73] ». Il arrive que les actes ou même les enfants échappent (et c'est heureux) à leurs géniteurs ; et c'est ce qui rend la responsabilité si difficile et foncièrement imparfaite. Mais elle exige qu'une génération ouvre son esprit pour penser aux autres et à leur environnement. Autrement dit, loin de s'incliner (plein de culpabilité ou d'effroi) devant les générations futures qui seraient comme des enfants rois à qui l'on passerait tous les caprices, il convient aux générations présentes de s'affirmer comme les parents bienveillants, ouverts et responsables, qui n'ont pas d'autre souci que de voir grandir, hors de leur contrôle, leurs enfants et les enfants de leurs enfants.

C'est pourquoi les générations futures ne sont pas des autrui au sens strict, pas davantage que les défunts ou leur mémoire. Ni les enfants futurs ni les

73. *Éthique à Nicomaque*, 1113b15, trad. fr. Tricot, Vrin, p. 141.

morts du passé n'ont de droit, mais nous avons des devoirs envers eux. Au moins celui d'élargir notre esprit, trop souvent focalisé sur les soucis présents, à ce passé qui nous nourrit et à cet avenir qui nous anime. Là est notre seule planche de salut.

CONCLUSION
Pour une diète éthique

La boulimie est souvent un indice de la dépression. C'est ce qui arrive à l'éthique d'aujourd'hui. Désemparée, elle gonfle et tend à l'obésité. Confrontés à la complexité du monde et du temps, nous sommes séduits par les lunettes morales, qui nous font tout voir en noir et blanc, en bien et mal, en gentils et méchants. Nous oublions les autres regards : celui de la science et ses débats, celui du droit et ses finesses, celui de la politique et ses arcanes, celui du spirituel et ses abîmes, celui de l'amour et ses délices… Il convient donc de faire une petite diète éthique afin de remettre la morale à sa place, et retrouver ainsi la saveur de la complexité. Non qu'il faille tout comprendre et, donc, tout excuser, mais user avec précaution et surtout à bon escient de l'opprobre et du rejet. Et je ne parle pas de l'éloge ou de la louange, qui sont devenus si rares dans nos temps désenchantés…

Je te remercie, cher lecteur, de m'avoir accompagné dans ce voyage, car sans toi, je ne serais jamais arrivé au bout de ce chemin, puisque seul, on ne pense ni n'avance. Si tu lis ces lignes finales, j'imagine que mes raccourcis ne t'ont pas trop exaspéré, que mes détours ne t'ont pas égaré (d'autres t'attendent juste après) et que nos idées n'ont pas irrémédiablement divergé. Mais tu n'as certainement pas été en accord sur tout, car le consensus moral est inaccessible. Cela dit, par l'échange et la pratique, on reconnaît assez vite les gens de bonne volonté, assez proche du bon sens. C'est une énigme d'ailleurs que des personnes, en désaccord sur tout, puissent se retrouver sur les choix essentiels : lutter contre le mal quand il surgit ; faire le bien lorsqu'il le faut. Cela ne rend pas la philosophie morale inutile, mais en limite les prétentions. Elle offre d'abord un entraînement pour les situations critiques. Grâce à elle, on peut s'exercer en pensée sans pour autant savoir avec certitude comment on réagirait en situation.

La morale n'est pas une fin en soi, car elle n'empêche ni de souffrir, de s'ennuyer, ni de regretter, ni d'espérer, ni de craindre. Mais elle est pourtant un jalon sur le chemin du sens, puisqu'elle permet à la fois de grandir et de s'élargir. Alors que le corps grandit d'abord et s'élargit ensuite, l'esprit fait les deux en même temps, car, pour lui, la seule manière de grandir consiste à s'élargir à autrui. Aristote nommait cela « megalopsyché » ou « grandeur d'âme ». Les Romains, « magnanimité ». Pour eux, c'était la qualité des plus grands. À l'âge démocratique, c'est devenu notre exigence commune. C'est là pour moi la clé de voûte du système moral de notre temps, au-delà de toutes les différences et de tous les désaccords. Elle tient en trois formules : tous les humains sont grands ; tous les humains peuvent grandir ; – et la plus belle – nous pouvons tous grandir ensemble.

EXCURSI

Excursus 1 – Éloge (faux) de l'égoïsme

Ayn Rand (1905-1982), de son vrai nom Alessia Zinovieva Rosenbaum, est une philosophe russe émigrée aux États-Unis. Elle est célèbre pour son (très gros) roman, *La Grève (Atlas Shrugged)*, qui l'a intronisée en papesse du néo-libéralisme. Elle y imagine un pays où toutes les forces vives (industriels, inventeurs, hommes d'affaires…) cesseraient leur activité pour ne travailler qu'à leur profit. Accusés par les marxistes d'être des exploiteurs, ces « capitalistes » sont en vérité, dit Ayn Rand, ceux qui portent le monde sur leurs épaules : des Atlas. Comment irait le monde si Atlas se mettait en grève ? Tel est la question du livre. Et la réponse va de soi : mal, très mal !

Cette fiction inspire à Ayn Rand son éloge de l'égoïsme et la fondation d'une morale tout à fait neuve.

« Faut-il toujours aider son prochain ? Non, si celui-ci le revendique comme un droit ou une obligation morale à laquelle vous seriez soumis. Oui, si c'est votre désir, fondé sur la joie égoïste que vous procurent sa reconnaissance et ses efforts. […] Mais, aider un homme qui n'a pas de vertu, l'aider uniquement parce qu'il souffre, accepter ses fautes, ses besoins, comme des revendications, c'est accepter qu'un moins que rien détienne une hypothèque sur votre système de valeurs. L'aider, c'est cautionner ce qu'il y a de plus mauvais en lui, c'est soutenir son œuvre de destruction. Que ce soit sous la forme de quelques centimes ou d'un simple sourire qu'il n'a pas mérité, tout hommage à un moins que rien est une trahison envers la vie et tous ceux qui luttent pour sa préservation. C'est de ces centimes et de ces sourires qu'est née la décadence de votre monde[74]. »

S'agit-il d'un éloge de l'égoïsme absolu ? On peut en douter, car le véritable message d'Ayn Rand est qu'il faut être égoïsme, pour ainsi dire, par altruisme. C'est en cessant l'assistanat qu'on aidera les autres à devenir les acteurs libres de leur vie. D'ailleurs, ses héros, d'une parfaite rectitude morale, sont prêts à renoncer à leurs intérêts propres (richesse, célébrité, amour...) pour faire triompher le monde qu'ils estiment juste et bon : celui où seuls les talents et mérites seraient reconnus, d'où la compassion délétère à l'égard des plus faibles serait proscrite. Ici l'égoïsme est bon... pour le « meilleur des mondes » ! Et l'on sait trop ce que cette expression signifie. Contre l'utopie communiste, Ayn Rand en invente une autre tout aussi terrifiante.

---

74. Ayn Rand, *La Grève,* Les Belles Lettres, 2017, pp. 1058-1059.

Excursus 2

Morale et politique[75]

Il faut une sacrée dose de courage ou d'inconscience pour désirer prendre ou briguer des responsabilités politiques aujourd'hui. Dans le quart d'heure qui suivra sa candidature, son élection ou sa nomination, le prétendant va voir sa vie scrutée dans ses moindres recoins, ses zones d'ombre ou intimes révélées au grand jour et les accusations arriver en masse. Puis, immanquablement, viendra l'heure de la calomnie, cet art pervers de mêler, dans un même discours, le vrai et le faux, l'évident et le flou, le certain et le plausible. Puisqu'on ne peut jamais ni réfuter ni confirmer un tel discours, il produit à coup sûr l'effet visé : le soupçon et la méfiance. Car, même si les accusations semblent exagérées, chacun se convaincra qu'« il n'y a pas de fumée sans feu», et le doute sera installé.

Après tout, les politiques l'ont bien cherché, rétorquera-t-on. Ils veulent les avantages du pouvoir ; qu'ils en acceptent aussi les inconvénients. Mais c'est oublier un peu vite que la démocratie a besoin de femmes et d'hommes politiques professionnels, qu'elle a besoin de gouvernants, non seulement pour

75. Paru dans *Le Figaro*, 26 mai 2017.

qu'on les déteste – c'est notre passion favorite ! –, mais aussi et surtout pour la faire fonctionner et la servir. L'art de la calomnie démocratique ne relève plus du contre-pouvoir, elle devient de plus en plus, comme dit Marcel Gauchet, un « anti-pouvoir ». Tout converge en effet pour convaincre le citoyen que son rôle principal est de s'indigner, de protester et, au bout du compte, d'empêcher de gouverner. Je pense, donc je suis « contre » !

Apurer les comptes

Et, pour cela, nous avons désormais des professionnels de la calomnie qui exercent sans vergogne, comme au temps de la Terreur, et qui sont même labellisés « citoyens » par notre espace public « vigilant ». Mieux que les juges, ils scrutent la légalité des actions passées ; mieux que les directeurs de conscience, ils examinent la pureté des intentions ; et mieux que les bourreaux, ils font tomber les têtes qui ne leur reviennent pas. La pression est telle qu'on nous promet sans arrêt une moralisation de la vie publique pour apurer les comptes. Elle risque surtout de susciter sa plus complète démoralisation. Comment comprendre que cette formule ne fasse pas frémir ?

Car elle est un monstre, signe d'une totale confusion des esprits. Ladite « moralisation de la vie publique » mélange en effet trois ordres bien distincts : le droit, la morale, la politique. Un exemple : le mensonge n'est illégal que dans certains cas ; il peut être politiquement utile, voire nécessaire, mais il sera toujours moralement proscrit. Veut-on interdire le mensonge en politique ? Ou la ruse, ou la manipulation, ou le changement brutal d'alliance, ou le fait de considérer autrui comme un moyen et pas seulement comme une fin ? Bon courage…

Loin de l'ordre moral

Le terme de « moralisation de la vie publique » entretient une dangereuse confusion, qui se retournera inévitablement contre ses promoteurs, parfois cyniques. Il ne s'agit pas de moraliser, mais de clarifier le cadre légal de l'action publique. C'est sans doute nécessaire, car les temps changent, mais n'ayons aucune illusion sur une ultime « solution morale ». « S'il y avait un peuple de dieux, il se gouvernerait démocratiquement. Un gouvernement si parfait ne convient pas à des hommes. » Voilà ce qu'écrivait Rousseau dans *Du contrat social* (III, 4). Mais contre Rousseau, il faut se convaincre que la démocratie est capable de vivre avec le risque constant de sa propre déception, loin de l'ordre moral : c'est ainsi qu'elle deviendra adulte. Sinon, elle ne passera jamais sa crise d'adolescence actuelle et ses rêves béats de perfection et de toute puissance. Dans la République romaine, celui qui se présentait à l'élection consulaire se distinguait des autres citoyens par le port d'une toge blanchie à la craie. Cette habitude est à l'origine du mot « candidat », issu du latin *candidus*, qui signifie blanc. Dans la démocratie contemporaine, on souhaiterait que tous les candidats soient plus blancs que blancs, c'est-à-dire transparents et surtout sans conflits d'intérêts. Mais à force de désirer la transparence, on atteindra l'évanescence ; et à force de lutter contre les conflits d'intérêts, on finira par obtenir des personnalités politiques… sans aucun intérêt.

Excursus 3
De quoi ne peut-on plus parler ?
L'ère du « moralement correct »[76]

Le dessin est fameux ! Signé Caran d'Ache, il paraît dans *Le Figaro* le 13 février 1898. On y voit un dîner de famille où le patriarche, docte et souriant, s'adresse à sa tablée joviale du dimanche : « Surtout,

---

76. Paru initialement dans *Le 1*, 16 septembre 2020.

ne parlons pas de l'affaire Dreyfus. » Le carton suivant montre un pugilat général, entre tous les membres du clan, à coups de poing et de fourchette, sous-titré sobrement : « Ils en ont parlé… »

C'est le portrait craché de ce qu'est devenu notre espace public, à ceci près que les réseaux sociaux ont remplacé la table dominicale. Si je tente un classement, « au doigt mouillé », des querelles clivantes, arrivent en tête les relations homme/femme (pour ou contre Polanski) ; le salut de la planète (pour ou contre Greta Thunberg) ; le rapport à l'islam (pour ou contre l'islamophobie) ; le rapport à l'antisémitisme (pour ou contre « quand même, ils sont partout ») ; le racisme systémique, les violences policières, etc. Ce sont les sujets sur lesquels on ne peut plus parler sans déchaîner la tempête et risquer sa réputation, sa tranquillité, voire son intégrité physique. Sur ces sujets, les fusils sont prêts à tirer, la cavalerie à charger. Dès le premier mot, l'argumentation cédera à l'indignation. Chacun a en stock son petit lot d'informations d'expert en herbe (plus ou moins vraies et plus ou moins complètes) qu'il crachera d'emblée pour faire porter l'opprobre sur son abject opposant.

Je n'échappe pas à cette règle (et comme toi, cher lecteur, je participe à cet immense champ de bataille), même si je pense que, sur chacun de ces sujets, il reste possible d'accéder à une opinion robuste, plausible, raisonnable, et – osons le gros mot – juste ! La vigueur des clivages m'incite pourtant à penser que là n'est pas le vrai but. Alors qu'il serait assez aisé d'atteindre sinon le juste au moins le constat de désaccords réels, nous voulons plutôt la confrontation *pour elle-même*. Nous désirons nous chercher querelle, comme on disait jadis. Il est tentant d'accuser les réseaux sociaux de cette conflictualisation de l'espace public. Ce n'est pas faux, mais cela reste aussi peu probant que d'accuser les armes d'être la cause des assassinats. Les réseaux augmentent les effets, mais ne sont pas la cause.

D'où vient alors le goût du *clash* dans le monde pourtant pacifié de la démocratie publique ? Il me semble qu'il vient combler quatre manques profonds de nos sociétés contemporaines : on s'y sent perdu, on s'y sent seul, on s'y sent impuissant, on s'y retrouve sans but… Quel remède apporte la polémique à ces quatre maux ?

• Si on se sent perdu, c'est que l'accroissement des connaissances et des informations rend le monde illisible. Sur chaque sujet de l'agenda public, nous avons le sentiment qu'il faudrait travailler des années pour atteindre une maîtrise acceptable, digne de notre métier de citoyen. D'où le recours à deux formes de dopage intellectuel en guise de clés :

le complot ou la guerre. Le scénario du complot nous permet de tout expliquer sans avoir besoin de rien démontrer. Quant au scénario de la guerre, il nous situe en une logique binaire formidablement rassurante : il y a, d'un côté, les gentils (en général, des victimes majoritaires en fait, mais relégués en droit) et, de l'autre, les infâmes salauds (les puissants). Le monde redevient alors simple et lisible ; c'était déjà le cas avec la lutte des classes et la lutte des races, et cela continue avec la guerre des sexes, le conflit des générations ou le clash des civilisations. Grâce au clivage, le monde redevient enfin clair !

• Si on se sent seul, c'est que l'individualisme détruit beaucoup de sociabilités traditionnelles et peine à en reconstruire de nouvelles qui, même réédifiées, demeurent fragiles. À l'âge démocratique, la personne est certes sacralisée, mais sans personne autour d'elle. Comme disait l'humoriste Muriel Robin : « J'ai une vie privée ! Privée de tout, c'est vrai, mais privée quand même ! » Et là, miracle ! Par la grâce d'une belle polémique, chacun va pouvoir retrouver des frères d'armes ou des âmes sœurs ; chacun pourra intégrer une communauté d'indignation, qui mettra un terme à son isolement. Le désert affectif pourra se compenser (un peu) par l'activisme combattif. Les réseaux sociaux favorisent cette reconstruction d'une bulle spéculative homogène, d'autant plus rassurante que la majorité de nos « amis » est, par définition, d'accord avec nous. D'où cette conviction que, quoi que nous pensions, nous sommes majoritaires, donc dans le vrai.

• Si on se sent impuissant, c'est que la démocratie nous a tant promis ! Elle nous a promis que le peuple serait maître de son destin, que les individus seraient égaux en dignité. Nous sommes déçus, car nous constatons tous les jours exactement le contraire : dépossession et mépris. À l'extérieur, les nations occidentales perçoivent que la mondialisation leur fait perdre la main et les relègue de la conduite de l'histoire. À l'intérieur, les individus citoyens voient qu'ils comptent peu, et que leurs actions et volontés sont bridées de tous côtés. Au quotidien, nous sommes tous confrontés à des murailles d'impossibilité du fait de contraintes qui sont, par ailleurs, autant de « progrès » : l'empire du droit, le triomphe des contrôles, l'apothéose des règles… Or, l'indignation nous redonne le sentiment de la maîtrise : « Je tweete, je like, je partage ; donc je suis et je fais. »

• Si on se retrouve sans but, sans perspective, sans horizon, c'est que, après le désenchantement du monde et la fin des idéologies, l'avenir est devenu à la fois muet et opaque. D'où la séduction paradoxale du scénario de la fin du monde. Après une longue retraite, l'apocalypse noire reprend du service, recyclée en vert à l'âge hypermoderne. Après l'avenir radieux, c'est le futur piteux qui devient le nouvel horizon de la panne de sens. Il conserve pourtant sa fonction : la perspective du salut. On devrait être surpris de son retour en grâce à l'âge laïque, mais, de fait, il faut tout sauver : l'école, la recherche, la retraite, l'hôpital, et *last but not least* la planète. Tout cela exprime pourtant une seule et même cause : *il faut sauver le salut* ! C'est là le point de clivage ultime et sérieux ; il se situe entre ceux qui se prétendent *salvator mundi* (sauveur du monde) et ceux qui, plus modestement, ne cherchent qu'à le penser et, éventuellement, l'améliorer un peu.

Car cette voracité conflictuelle n'est pas une fatalité. Et l'on peut répondre aux quatre défis de notre temps sans sombrer dans la guerre totale. Il nous « suffit » de retrouver le goût du désaccord, la saveur de la complexité et le plaisir des petits pas. Plus facile à dire qu'à faire ? Voire ! C'est possible grâce à une simple hygiène de pensée.

On l'a dit, dans la Sorbonne médiévale, pour les examens, on pratiquait la *disputatio*, une joute oratoire où chaque candidat devait défendre une thèse imposée. Cet exercice forçait à trouver de bonnes raisons de plaider à rebours de ses idées.

Cela n'obligeait pas à en changer, mais permettait de « penser à la place d'autrui » et de pouvoir ensuite mieux le convaincre (puisqu'on l'avait compris).

C'est tout le paradoxe de notre époque : réputée pluraliste et ouverte, elle semble haïr le désaccord. La moindre contradiction est perçue, non comme une contrariété, mais comme une offense, voire un préjudice grave, qui exige réparation : censure, procès, coups ou campagne de délation sur les réseaux sociaux.

Réhabilitons donc la *disputatio*. Et, par la même occasion, la culture générale contre l'expertise. Car c'est elle qui nous révèle les saveurs de la complexité. Grâce à elle, on met les savoirs en culture, on établit des ponts entre les faits, on trace des routes entre les signes. La théorie du complot fait pareil, dira-t-on. Certes, mais elle ne doute jamais ; pas même de son doute ! À l'inverse, la culture générale s'atteste dès qu'on mesure l'ampleur de sa propre ignorance. C'est ce que disait Joseph Joubert, secrétaire de Diderot et ami de Chateaubriand, quand il regrettait en 1809 (déjà !) la disparition des anciens collèges : « On sortait des anciennes écoles avec une ignorance qui se connaissait et un savoir qui s'ignorait. On les quittait avide de s'instruire encore, et plein d'amour et de respect pour les hommes qu'on croyait instruits. »

Cette gratitude modeste permet enfin d'éviter le délire tout-puissant de tout changer et de convertir le monde entier. Elle nous fait préférer la réforme à la révolution, les petits pas aux grands soirs, l'acte efficace aux postures.

Tout cela résumé s'appelle le *sens commun*. Kant le définissait par ces trois maximes : « penser par soi-même » (ou pensée éclairée) ; « penser en se mettant à la place d'autrui » (ou pensée élargie) ; « penser en accord avec soi-même » (ou pensée conséquente).

Si on les oublie, il n'y a plus ni sens ni commun. Si on les cultive, le débat est sauvé. *Salvator disputationis* !

Excursus 4
Trois généalogies de la morale

Quand et comment est née la morale ? Cette question impossible n'a pas empêché les philosophes d'y répondre. Examinons les trois principales tentatives.

Une histoire de la liberté

Dans la Bible, c'est par le vice que la moralité émerge. En désobéissant à Dieu, l'homme et, surtout, la femme choisissent de cesser d'être des imbéciles heureux pour devenir des intelligents malheureux. Après avoir mangé le fruit défendu de l'arbre de la connaissance, ils se voient nus, découvrent qu'ils vont mourir et constatent, horrifiés, qu'entre la naissance et la mort… ils devront sacrément en baver : travail, discorde, souffrance, maladie et autres joyeusetés les attendent. Bref, l'humain entre dans la moralité par le péché ! Autant dire que c'était mal parti. Comme le dit Kant, « l'histoire de la nature commence par le Bien, car elle est l'œuvre de Dieu ; l'histoire de la liberté commence par le Mal, car elle est l'œuvre de l'homme[77] ». Mais Kant, qui est un humaniste, ne voit pas cette « chute » comme une déchéance. Pour lui, au contraire, c'est la liberté, condition de la moralité, qui fait la grandeur de l'homme. L'homme émerge en se révoltant contre l'instinct, « cette voix de Dieu » ; il se forge de nouveaux désirs ; il découvre « en lui le pouvoir de choisir lui-même un mode de vie et de ne pas être lié comme les autres animaux à un mode de vie unique […]. Et une fois qu'il eût gouté à cet état de liberté, il lui devint […] impossible de revenir à l'état de servitude (sous la domination de l'instinct)[78]. » Kant reprend ici les idées de son maître en matière de morale, Jean-Jacques Rousseau. Lui aussi, dans un des plus beaux passages du *Discours sur l'origine de l'inégalité parmi les hommes*, se met en quête de la première étincelle de la moralité. Il la repère dans les effets bouleversants des pleurs du nouveau-né.

77. *Conjectures sur le commencement de l'histoire humaine*, *in Œuvres philosophiques*, Gallimard, Pléiade, 1985, t.2, p. 511.
78. *Ibid.*, p. 507.

Quelle idée aussi : pleurer si fort quand on est si petit ! S'il voulait attirer le prédateur, le petit d'homme ne s'y prendrait pas autrement. Mais, en vérité, il vise plutôt l'amour maternel, car sans cet amour ce ridicule prématuré n'a aucune chance de survie. Ces cris invitent la mère à protéger l'enfant – naissance de la pitié –, mais, pour cela, elle doit se mettre elle-même en danger – invention de l'altruisme. La mère humaine se fragilise en s'occupant de son enfant fragile. Ce pour quoi elle aura elle-même besoin d'un protecteur qu'elle va s'attacher à garder près d'elle : l'homme – découverte du couple. Et pour le conserver, elle doit le dés-ensauvager et le « polir » – origine de la civilité. Telles sont les deux grandes thèses de Rousseau – bien trop « genrées » pour nos goûts contemporains ? – sur le commencement de l'histoire humaine : l'enfant moralise ; la femme civilise. Voici posés les premiers jalons de l'histoire morale. Elle suppose que l'homme soit sorti de la « tutelle de la nature » et entré dans le règne de la liberté : pour le meilleur (l'amour) et pour le pire (le mal).

Le « sens » moral : en avoir ou pas

On peut donner une tout autre version de cette belle genèse, qui partirait non d'en haut (de Dieu), mais d'en bas (de l'animal). Il n'est plus ici question de liberté, mais d'évolution et de biologie. Car où peut-on découvrir le plus petit élément commun à toute moralité ? Il se niche dans le fait d'approuver ou de condamner des actes quand ces actes ne me concernent en rien. Pour cela, nul besoin de la raison. C'est une sensation spontanée, un « sens moral » que je dois rechercher. Je condamne quand, de loin, je vois un homme à terre se faire frapper par d'autres ; j'approuve quand, dans le bus, je vois quelqu'un laisser sa place à une personne âgée. Ces actes me touchent alors qu'ils ne me regardent pas. Voilà le « sens moral ». Il réfute ceux qui voient de l'égoïsme ou de l'amour-propre partout (Hobbes et La Rochefoucauld) et il s'oppose à ceux qui pensent que la moralité est le triomphe de la raison sur les passions (Kant). Si je vais aider celui qui se fait frapper, ce n'est pas parce que j'ai consulté mon traité éthique, mais parce qu'une émotion (la sympathie) l'emporte sur d'autres émotions (la peur). De même si je laisse ma place dans le bus : la compassion passe avant la fatigue et l'inconfort. La moralité n'est donc pas une guerre de la raison contre les passions, mais un combat des passions entre elles. Ce qui fait dire à Hume : « La raison est et elle ne peut qu'être l'esclave des passions[79]. » La raison arrive *après coup* pour

79. *Traité de la Nature humaine*, II, 3, III.

donner la coupe au vainqueur : cette pitié immédiate ou ce reproche spontané.

Simplement, ce sens moral, tout à fait naturel, demande à être cultivé. Et c'est uniquement avec la culture qu'il devient véritablement moral. Au départ, cette sympathie ne s'exerce que pour nos proches. Puis elle s'élargit, et de proche en proche, elle va jusqu'à concerner l'ensemble du genre humain. Les animaux, mais aussi les premières peuplades, n'appliquent leur sens moral qu'à un cercle étroit. En revanche, la civilisation cultive ce sens jusqu'à le rendre universel. C'est, pour Hume, l'éducation et la civilité qui nous y conduisent. La morale est donc une fusée à trois étages : elle naît d'un sens naturel ; elle croît avec les mœurs, les convenances, la politesse ; quant à la réflexion personnelle qui la cultive, elle s'épanouit avec les principes généraux et universels. Entre ces trois moments, aucune rupture, mais une fragile continuité qui peut à tout moment se briser. Telle est, pour lui, la vraie genèse de la moralité : elle se joue aussi bien dans l'individu (éducation) que dans le groupe (civilisation). Par où la morale finit par retrouver les mœurs, ou la « décence ordinaire ».

Ce qui pose une question redoutablement difficile : jusqu'où la norme commune ou la majorité définissent-elles ce qui est moral ou pas ? Imaginons, comme cela est probable, que 99,9 % des Français considèrent que le cannibalisme est immoral. Est-ce que cela suffit à en dégoûter les 0,1 % restant ? Et si, à l'inverse, 99,9 % des Français y étaient favorables, cela le rendrait-il *ipso facto* moral ? Certainement pas. La « décence ordinaire » décrit le réel, mais elle ne dit rien de la moralité. D'ailleurs, l'indécence aussi peut être ordinaire.

L'éthique évolutionniste

Charles Darwin est assez proche de la genèse humienne de la morale. Dans son deuxième grand livre (après *L'Origine des espèces)* qui s'intitule *La Descendance de l'homme*, il cherche lui aussi à comprendre l'émergence de l'éthique. Comme Hume, mais aussi Rousseau et Schopenhauer, et bien d'autres, Darwin pense que l'homme n'a pas le monopole du cœur : les animaux eux aussi sont dotés non seulement d'émotions, mais encore d'un sens moral, d'un certain altruisme et de la pitié. Parce que l'homme est un être fragile (ni très fort, ni très rapide), il est probable que son espèce n'a pu survivre qu'en développant des « instincts sociaux », faute desquels elle aurait disparu. D'abord limités aux liens familiaux, ces instincts de solidarité se sont, on l'a dit, étendus aux tribus, puis généralisés, voire universalisés. Pourquoi ? Parce que cet altruisme présente un « avantage sélectif » : une tribu solidaire a davantage de chances de l'emporter en cas de conflit (donc de diffuser ses gènes) qu'une tribu égoïste. Bref, la moralité, loin d'être le signe de la supériorité humaine, n'est que le résultat d'un processus naturel d'évolution. En même temps, note Darwin, il ne faut pas que l'altruisme soit excessif, car l'individu qui se sacrifie pour le collectif aura une moindre descendance. Celui-là ne « laisse pas d'enfant pour hériter de sa noble nature[80] ». En outre, Darwin repère avec précision ce qui sépare les embryons de moralité animale et la moralité humaine : c'est, pour lui, la capacité de réflexion qui permet à l'homme non pas seulement de ressentir des émotions (pitié), mais d'attribuer de la valeur à telle ou telle action. « Un être moral est celui qui est capable de comparer ses actes ou ses motifs passés ou futurs, et de les approuver ou désapprouver. Rien ne laisse supposer que les animaux inférieurs possèdent cette faculté ; en conséquence, lorsqu'un chien de Terre-Neuve se jette dans l'eau pour en retirer un enfant, lorsqu'un singe brave le danger pour sauver son camarade, ou prendre à sa charge un singe orphelin, nous n'appliquons pas le terme

80. *De la descendance de l'homme*, Reinwald et Cie éditeurs, 1875, p. 175.

"moral" à sa conduite. Mais dans le cas de l'homme, qui seul peut être considéré avec certitude comme être moral, nous qualifions de "morales" les actions d'une certaine nature, que ces actions soient exécutées après réflexion, après une lutte contre des motifs contraires, par suite des effets d'habitudes acquises peu à peu, ou enfin d'une manière impulsive et par instinct[81]. »

Darwin est là beaucoup plus prudent et nuancé que la plupart de ses successeurs. Sa postérité est d'ailleurs très disparate. Il y a ceux qui, comme Richard Dawkins (*Le Gène égoïste*[82]), pensent que la morale humaine n'est que le vernis superficiel d'un égoïsme profond, celui de la sélection naturelle, qui « choisit » toujours pour favoriser l'intérêt de l'espèce. Pour Dawkins, en effet, si les hommes paraissent moraux, c'est qu'ils ont « biologiquement » intérêt à l'être, car la moralité d'un individu augmente son succès reproducteur et lui donne ainsi un avantage sélectif.

Face à ce courant, Frans de Waal se réclame de l'héritage fidèle de Darwin en n'hésitant pas à accorder la totale moralité aux bêtes, loin d'être bêtes ou bestiales, comme on l'a vu. D'autres encore partent à la recherche d'un éventuel gène altruiste.

81. *Ibid*. p. 152.
82. Odile Jacob, 2003.

Pour l'instant en vain. Et d'ailleurs, Il n'est pas certain qu'il soit si fréquent, car, au sein de l'humanité, c'est fou le nombre de sans-gêne...

J'arrête là l'inventaire de ces généalogies de la morale, sans y intégrer – tu pourrais t'en étonner, cher lecteur ô combien cultivé – celle de Nietzsche qui a pourtant inventé le terme. C'est que Nietzsche ne fait cette généalogie que pour déconstruire la morale : philosophant avec le marteau, il veut détruire les idoles, et, pour lui, la croyance en Bien et Mal, en fait partie. Bref, pour Nietzsche, la morale, c'est mal ! Ou, pour le dire comme Rimbaud : c'est une « faiblesse de la cervelle ». C'est là une position très difficile à tenir en toute cohérence.

En omettant Nietzsche, donc, nous voyons combinées dans ces trois récits modernes trois manières de voir la genèse de la morale : la morale vient-elle de nos gènes, de nos mœurs ou de notre libre arbitre ? Émane-t-elle de la nature, de la culture ou de la liberté ? Le choix est cornélien, et on serait tenté ici d'envisager une subtile motion de synthèse : un peu des trois ? Mais ce n'est pas possible, ces trois termes s'excluent absolument. Ce pourquoi cette histoire de la morale est encore loin d'être achevée. C'est là une des morales de cette histoire.

Excursus 5

L'énigme de l'individualisme généreux[83]

Parmi les mots les plus détestés de l'époque : individualisme et libéralisme. Ils parlent d'un monde égoïste, où chacun, loin du « commun », se voit en *self-made-man*, focalisé sur ses seuls intérêts, indifférent au sort des autres, surtout démunis. Une image le résume : le *free rider* ou le passager clandestin, soit celui qui profite de tout sans donner rien.

Nos sociétés contemporaines étant – personne n'en doute – individualistes, le don devrait donc avoir disparu. Nous devrions tous être convaincus par ce diagnostic du funeste Édouard Drumont (1844-1917), anarchiste de droite et figure de l'antisémitisme français, qui écrivait : « Autrefois, on ne parlait que de la charité, et chacun y allait de sa pièce de cent sous. Puis on n'a plus parlé que de fraternité : alors on n'a plus donné que quarante sous. Puis d'altruisme, alors on n'a donné que deux sous. Aujourd'hui on ne parle plus que de solidarité : alors on ne donne plus que de bonnes paroles[84]. » Formule frappante,

83. Paru dans *Le 1*, 24 juin 2020.
84. Cité dans Charles Gide, *La Solidarité. Cours au Collège de France (1927-1928)*, Presses universitaires de France, 1932, p. 200, texte intégral disponible sur le site de la Bibliothèque nationale de France : www.gallica.bnf.fr.

sans doute, mais fausse. Car la réalité est exactement inverse : jamais on n'a autant donné que dans nos sociétés individualistes. On y donne souvent, on donne beaucoup, et quand tout va plus mal, on donne encore plus ! Ajoutons que nos dons ne vont pas seulement à « nos » pauvres, comme on disait jadis, mais aussi à des personnes dont on ne verra jamais la gratitude. Voilà une gigantesque anomalie : l'individualisme ne marque pas le déclin mais le triomphe de la générosité ! Comment l'expliquer ?

Tentons un détour par la genèse des sociétés humaines. L'anthropologue Marcel Mauss avait analysé dans les sociétés traditionnelles le dispositif complexe du don/contre-don (*potlatch*). En bref, je donne pour recevoir et je reçois pour donner, car, en donnant, j'oblige. Et cette obligation tisse un lien social, subtilement codifié, mais puissant et fort. Le don est là l'outil de l'intégration sociale. Dans les sociétés monothéistes, l'aumône fait partie des commandements divins : c'est une obligation pour le judaïsme (*tsedaka*), une vertu théologale pour le christianisme (charité) et un pilier pour l'islam (*zakât*). Et, chaque fois, c'est la voie pour obtenir la rémission des péchés et, sinon le salut, du moins l'espoir du salut.

Nous sommes aujourd'hui sans tradition ni religion : qu'est-ce qui pourrait donc fonder la générosité ? Apparemment pas grand-chose. D'où, souvent, la position de repli qu'offre la solidarité. À la différence du généreux qui agit de manière désintéressée, le solidaire combine altruisme et égoïsme. Être solidaire, en effet, c'est agir en faveur de quelqu'un dont je partage les intérêts, de sorte qu'en défendant les siens, je protège les miens ; et en défendant les miens, je protège les siens. La solidarité repose donc, comme l'égoïsme, sur un calcul, mais un calcul élargi, qui intègre, au-delà du gain immédiat, le temps long, les générations futures, et des éléments peu quantifiables comme la convivialité, la reconnaissance, le sens du collectif…

Pourtant, si la solidarité explique bien des aspects de nos vies – les assurances, privées ou sociales, les impôts redistributifs (CSG, CRDS) –, elle n'englobe pas ce fait étrange d'une générosité en croissance continue. L'individu contemporain ne donne pas seulement pour avoir des réductions d'impôt car, même moins cher, le don coûte toujours ! Il ne donne pas non plus pour frimer auprès de ses voisins, car, si la générosité est parfois ostentatoire, elle est très souvent discrète. Il donne parce qu'il n'est guère possible d'être heureux en voyant les autres malheureux. Il donne aussi parce qu'il a compris qu'on ne peut être un individu tout seul dans son coin, et surtout que, sans l'aide *des* autres et l'aide *aux* autres, il est impossible de le rester bien longtemps.

Excursus 6

Les vertus sont-elles morales ?

La liste des quatre vertus cardinales, pivots (en latin *cardines*) de la vie morale, a été élaborée par Pythagore, nous dit Platon (*République*, IV). Ce sont le courage, la tempérance, la justice, la sagesse (ou la prudence). On peut justifier cette liste par le fait que, sans elles, la vie avec les autres serait impossible. Sans courage, ce sont les peurs délétères qui l'emportent au point de rendre impossible toute confiance ; sans tempérance, la quête frénétique de la jouissance personnelle s'impose au détriment d'autrui ; sans justice, jalousie et envie triomphent et sapent tous les liens humains. Sans sagesse, enfin (ou, à tout le moins, prudence, qui est une sagesse pratique), la vie humaine se réduit à la bêtise, à l'abrutissement, aux calculs à courte vue et au règne de l'intérêt immédiat. La prudence est un art de l'application : elle désigne la qualité de celui qui voit quand et comment il faut être courageux, tempérant, juste. Sans cette vertu, aucune n'est effective ; elles restent de purs idéaux[85].

Le principal problème que pose cette liste est qu'elle peut s'appliquer sans aucune difficulté à un parrain de la mafia ou à un dictateur sanguinaire.

85. Cicéron, *Tusculanes*, II, 32.

Sans conteste, il est courageux face à tous les dangers encourus. Il est souvent tempérant à l'égard de ses inclinations, car, même s'il vend de la drogue, il n'en consomme pas lui-même, et s'il assassine, c'est sans plaisir mais par calcul, car « il le faut bien ». Il doit aussi être juste, veillant à répartir le butin en fonction du mérite et à récompenser ses fidèles lieutenants. Et assurément, il est forcément très prudent…

Les philosophes chrétiens, l'ayant bien compris, avaient ajouté trois autres vertus, dites théologales : la foi, l'espérance et la charité. Les deux premières ne relèvent guère de l'éthique, car ces « grâces » ne sont pas le fruit d'un choix volontaire, même si elles peuvent être cultivées. Seule la troisième, la *charité*, est pleinement morale, c'est « l'amour désintéressé du prochain ». Et comme le dit subtilement André Comte-Sponville : « Cela tombe bien, car le prochain n'est pas toujours intéressant[86]. » D'où l'exigence !

Il y a en fait beaucoup d'autres vertus. André Comte-Sponville en a fait un magnifique inventaire dans son justement fameux *Petit Traité des grandes vertus*, depuis son strict minimum (la politesse) jusqu'à son maximum (la charité). Pourtant, la moralité ne se résume à aucune d'entre elles, car elle ne désigne pas une qualité que l'on aurait (ou pas) mais des actions

86. *Dictionnaire philosophique*, PUF, 2001, p. 166.

ou des décisions à prendre. Ce pourquoi l'éthique des vertus, si elle peut être un guide, ne suffit pas à garantir la moralité.

Ce pourquoi, selon Kant, l'unique vertu réside dans la bonne volonté ou dans la volonté désintéressée.

Excursus 7
Les vices sont-ils immoraux ?

Orgueil, gourmandise, paresse, colère, luxure, avarice, jalousie. Les sept péchés capitaux sont tous des excès non maîtrisés : trop de soi (orgueil), trop de voracité (gourmandise), trop d'émotion négative (colère), trop de désir de jouir (luxure), trop de souhait de gagner (avarice), trop de peur de perdre (jalousie). Je n'oublie pas la paresse qui est un trop de rien… proche de l'acédie. Le nom ancien de la dépression. La paresse, ce n'est pas le goût de ne rien faire, mais un dégoût de faire. Le pire des vices, selon Kant, car il nous ôte le désir d'être humain en nous plongeant dans l'indifférence morale. Choix d'impuissance plutôt qu'aveu, il nous fait dire : « Je voudrais bien pouvoir, mais je ne peux point vouloir » !

Gratitudes

Au terme de cet ouvrage, je voudrais saluer et remercier quelques-uns de ceux qui ont compté dans mon cheminement et qui sont donc présents – intellectuellement et spirituellement – dans ce livre. La grâce, c'est qu'ils sont devenus aussi des amis chers. Par ordre d'entrée en scène : Luc Ferry, Éric Deschavanne, Marcel Gauchet, Alain Renaut, Gilles Lipovetsky, Robert Legros, Philippe Raynaud, Alain Boyer, Claude Capelier, Jean-Cassien Billier, André Comte-Sponville, Tzvetan Todorov. Merci.

TABLE DES MATIÈRES

Composition
PRESS·PROD

Impression réalisée par
CPI Brodard et Taupin
en octobre 2020

MIXTE
Papier issu de
sources responsables
FSC® C003309

Imprimé en France
Dépôt légal : octobre 2020
N° d'impression : 3039990
ISBN : 978-2-7499-4305-3
Code LAF : 2913